RECHTSTHEORIE

Zeitschrift für Logik und Juristische Methodenlehre, Rechtsinformatik, Kommunikationsforschung, Normen- und Handlungstheorie, Soziologie und Philosophie des Rechts

SONDERHEFT

Papstrede vor dem Deutschen Bundestag

Naturrecht – Vernunftrecht – Positivität des Rechts

Herausgegeben von

Werner Krawietz

42. Band · 2011 · Heft 3

Duncker & Humblot · Berlin

RECHTSTHEORIE

Zeitschrift für Logik und Juristische Methodenlehre, Rechtsinformatik, Kommunikationsforschung, Normen- und Handlungstheorie, Soziologie und Philosophie des Rechts

Begründet von
Karl Engisch, H. L. A. Hart, Hans Kelsen
Ulrich Klug, Sir Karl R. Popper

Herausgegeben von
Harold J. Berman, Thomas Hoeren, Werner Krawietz, Jürgen Schmidt
Martin Schulte, Boris N. Topornin, Wilfried Bergmann, Dieter Wyduckel

Editor-in-Chief und Geschäftsführender Redaktor:
Professor Dr. Dr. Dr. h. c. mult. Werner Krawietz, Lehrstuhl für Rechtssoziologie, Rechts- und Sozialphilosophie
E-Mail: werner.krawietz@uni-muenster.de

Redaktionsanschrift:
Prof. Dr. Dr. Werner Krawietz, Internationales Zentrum für Deutsch-Russische Rechtsstudien, Universität Münster, Robert-Koch-Straße 40, 48149 Münster
E-Mail: izdrr@uni-muenster.de
Phone: +49 (0)251 / 8 32 19 64; *Fax:* +49 (0)251 / 8 32 19 66

Redaktionsstab:
Prof. Dr. Thomas Lundmark. *Geschäftsführend:* Rechtsanwalt Andreas Schemann und Rechtsanwältin Dr. Petra Werner

Die Zeitschrift erscheint viermal jährlich im Gesamtumfang von ca. 552 Seiten als Print- und Online-Ausgabe. Der Abonnementpreis beträgt jährlich € 186,– für Institutionen (Print inkl. Online-Zugang oder E-Only für eine unbegrenzte Nutzerzahl an einem Standort) und € 138,– für Privatpersonen (Print inkl. personengebundenem Online-Zugang). Studenten gewähren wir gegen Vorlage eines Nachweises eine Ermäßigung von 25 % auf den Abonnementpreis für Privatpersonen. Einzelhefte (ohne Online-Zugang) kosten € 38,–. Alle Preisangaben sind unverbindliche Preisempfehlungen und verstehen sich zzgl. Versandkosten.

Bestellungen können über jede Buchhandlung oder direkt an den Verlag gerichtet werden. Abbestellungen müssen 6 Wochen vor Jahresende erfolgen.

Einzelne Artikel werden unter http://ejournals.duncker-humblot.de/loi/rth (ab Jg. 2008) zum Download abgeboten.

Weitere Hinweise zur Zeitschrift (auch Inhaltsverzeichnisse ab 2003) finden Sie unter: www.duncker-humblot.de/zeitschriften/rth

Verlag Duncker & Humblot GmbH, Carl-Heinrich-Becker-Weg 9, 12165 Berlin
Ruf: +49 (0) 30 / 79 00 06 - 0, Telefax: +49 (0) 30 / 79 00 06 - 31
Internet: http://www.duncker-humblot.de

Fremddatenübernahme: Fotosatz Voigt, Berlin
Druck: Berliner Buchdruckerei Union GmbH, Berlin
ISSN 0034-1398 (Print-Ausgabe), ISSN 1865-519X (Online-Ausgabe)
ISBN 978-3-428-13857-9 (Print-Ausgabe)

RECHTSTHEORIE 42 (2011), S. III–IV
Duncker & Humblot, 12165 Berlin

Inhalt

Abhandlungen und Aufsätze

Berichte und Kritik

Anschriften der Mitarbeiter

Prof. Dr. Dr. h.c. mult. *Wilfried Bergmann,* Mitglied des Senates der Europäischen Akademie der Wissenschaften, Mitglied des Vorstandes des Petersburger Dialoges, Kennedyallee 37, 53175 Bonn, w.bergmann@hotmail.de

Papst Benedikt XVI., 00120 Città del Vaticano; General Secretary, Dr. Francesca Angeletti, Libreria Editrice Vaticana, Via della Posta s/n, angeletti@lev.va

Prof. Dr. *Gerhard Preyer,* ProtoSociology. An International Journal and Interdisciplinary Project, Goethe-Universität Frankfurt, 60054 Frankfurt a. M., preyer@em.uni-frankfurt.de

Prof. Dr. *Shu-Perng Hwang*, Associate Research Fellow, Institutum Iurisprudentiae (Preparatory Office), Academia Sinica, 128 Academia Sinica Road, Sec. 2, Nankang, Taipei 11529, Taiwan, sphwang@gate.sinica.edu.tw

Prof. Dr. *Pavel Holländer*, Verfassungsgericht Tschechiens, Joštova 8, 660 83 Brno, Tschechische Republik, holland@usoud.cz

Mgr. *Bartosz Greczner*, Uniwersytet Wrocławski, Katedra Teorii i Filozofii Prawa, ul. Uniwersytecka 22/26, 50-145 Wrocław, Polen, bartosz.g@prawo.uni.wroc.pl

RECHTSTHEORIE 42 (2011), S. 273–274
Duncker & Humblot, 12165 Berlin

REDE VON PAPST BENEDIKT XVI. IM DEUTSCHEN BUNDESTAG – ÖFFENTLICHE ERWARTUNGEN UND ECHO AUF DEN STAATSBESUCH IN BERLIN

Von Wilfried Bergmann, Bonn

Die Rede von Papst Benedikt XVI. am 22.09.2011 im Deutschen Bundestag hatte bereits in den Wochen vor dem Auftritt des Papstes kritische, aber auch fordernde Diskussionen ausgelöst: die einen forderten, daß er etwas zu den aktuellen Fragen unserer Zeit sagen möge, z.B. zur Wirtschafts- und Finanzkrise (Andrea Nahles, SPD), zur Europäischen Integration (Rainer Brüderle, FDP) oder zur Bedeutung der Menschenrechte für den Frieden in der Welt (Volker Kauder, CDU). Benedikt XVI. verdeutlichte aber den Abgeordneten und damit der deutschen Öffentlichkeit schnell und unmißverständlich, daß er als Oberhaupt der Katholischen Kirche und nicht als Chef eines Miniaturstaates mit ca. 1.000 Einwohnern im Deutschen Bundestag sprach. Wie Rolf Schwanitz (in „Diesseits".de 27.09.2011) zu Recht feststellte, ging es dem Papst „im Hauptanliegen seiner Rede um die Forderung nach der Rückbindung von Politik und Demokratie auf den Gottesglauben".

In ersten Reaktionen auf die Rede fühlten sich deshalb auch Politiker aller Fraktionen in ihren Stellungnahmen durch den Papst bestätigt: Volker Kauder meinte „Der Papst habe seine Forderung unterstützt, die Präimplantationsdiagnostik zu verbieten", Volker Beck (Grüne) lobte die Ausführungen zur „Ökologie des Menschen", Frank Walter Steinmeier (SPD) orientierte sich an der Aufforderung an die Politiker „Regeln zu setzen", während Rainer Brüderle „sein Wertfundament bestätigt" sah.

In der journalistischen Literatur gingen die Meinungen sehr schnell weit auseinander: Während Lutz Kinkel (Stern, 30.09.2011) meinte, der Papst habe die Zuhörer „ratlos zurückgelassen", mutmaßte Rolf Schwanitz (Diesseits.de, 30.09.2011), daß der Papst „seine Botschaft in einer philosophischen Verhüllung präsentierte", um der „kritischen Diskussion über die Zulässigkeit der Papstrede im Bundestag" aus dem Weg zu gehen. Demgegenüber folgerte Thomas Schmidt (Die Welt, 23.09.2011), es sei „eine durch und durch politische Rede" gewesen, „mit der der Papst seine Gegner und seine Anhänger verblüfft" habe; Christian Geyer (FAZ,

23.09.2011) erläuterte unter der Überschrift „Die Sonne über Berlin“, daß „der Papst den Politikern Naturrecht“ beigebracht habe, indem er mit seiner Unterscheidung von Recht/Unrecht und Scheinrecht nicht an den Grundregeln der deutschen Demokratie gerüttelt habe – im Gegenteil – er bringe lediglich orientiert zum Ausdruck, was die Überzeugung der Verfassungsautoren gewesen“ sei; Georg Paul Hefty stellte das Zitat „Die Erde trägt selbst ihre Würde in sich und wir müssen ihren Weisungen folgen“ in den Mittelpunkt seiner Betrachtung (FAZ, 23.09.2011); Raphael Gross kam dagegen zu der – nicht unbedingt zwingenden – Aussage (FAZ, 14.10.2011), dass sich der Papst „neben den Juristen nun auch ... in die Reihe der Kelsen-Gegner“ eingereiht habe, wobei der Papst nicht erwähnt habe, daß Kelsen in seiner „Reinen Rechtslehre“ eine „von religiösen und ideologischen Einflüssen befreite Rechtstheorie“ entwickelt habe. Die Reihe der befürwortenden wie kritischen Kommentare in der Presse könnte beliebig fortgeführt werden, wobei sicher der Aussage von H. Kriege (DRadio.de, 30.09.2011) zugestimmt werden kann, daß die Rede allgemein „als eine höchst bemerkenswerte“ eingestuft werden kann.

Mit seiner Rede hat der Papst deutlich gemacht, daß die Kirche nicht von der Welt, aber in der Welt ist. Wie Kardinal Meisner (Kirchenzeitung, 30.09.2011) zu Recht feststellte, war es ein Anliegen des Papstes klarzustellen, daß „wenn die Kirche dies vergißt ... sie verweltlicht, sie das Zweitrangige zum Erstrangigen“ macht. Sie würde damit „zu einer bloßen gesellschaftlichen Kraft, wie eine Gewerkschaft oder ein Großkonzern“. Dabei war es sicher auch ein Anliegen von Benedikt dem XVI. die Frage aufzuwerfen, wie zu erkennen sei, was Recht ist und auf welcher Grundlage wir zwischen Gut und Böse, zwischen wahrem Recht und Scheinrecht unterscheiden können. Er hat damit auch hinterfragt, in wieweit die „Natur“ des Menschen für die Grundlagen der Rechtsordnung in jedem Fall relevant sein kann, besser relevant sein muß.

Nunmehr ist die Rechtswissenschaft aufgerufen, sich mit den Schlußfolgerungen aus den Überlegungen Benedikt XVI. auseinanderzusetzen.

RECHTSTHEORIE 42 (2011), S. 275–281
Duncker & Humblot, 12165 Berlin

BESUCH DES DEUTSCHEN BUNDESTAGES

Ansprache von *Papst Benedikt XVI.**

Reichstagsgebäude, 22. September AD 2011

Sehr geehrter Herr Bundespräsident!
Herr Bundestagspräsident!
Frau Bundeskanzlerin!
Frau Bundesratspräsidentin!
Meine Damen und Herren Abgeordnete!

Es ist mir Ehre und Freude, vor diesem Hohen Haus zu sprechen – vor dem Parlament meines deutschen Vaterlandes, das als demokratisch gewählte Volksvertretung hier zusammenkommt, um zum Wohl der Bundesrepublik Deutschland zu arbeiten. Dem Herrn Bundestagspräsidenten möchte ich für seine Einladung zu dieser Rede ebenso danken wie für die freundlichen Worte der Begrüßung und Wertschätzung, mit denen er mich empfangen hat. In dieser Stunde wende ich mich an Sie, verehrte Damen und Herren – gewiß auch als Landsmann, der sich lebenslang seiner Herkunft verbunden weiß und die Geschicke der deutschen Heimat mit Anteilnahme verfolgt. Aber die Einladung zu dieser Rede gilt mir als Papst, als Bischof von Rom, der die oberste Verantwortung für die katholische Christenheit trägt. Sie anerkennen damit die Rolle, die dem Heiligen Stuhl als Partner innerhalb der Völker- und Staatengemeinschaft zukommt. Von dieser meiner internationalen Verantwortung her möchte ich Ihnen einige Gedanken über die Grundlagen des freiheitlichen Rechtsstaats vorlegen.

---

* Authentischer Text der Rede (nebst originären Fußnoten).

Lassen Sie mich meine Überlegungen über die Grundlagen des Rechts mit einer kleinen Geschichte aus der Heiligen Schrift beginnen. Im ersten Buch der Könige wird erzählt, daß Gott dem jungen König Salomon bei seiner Thronbesteigung eine Bitte freistellte. Was wird sich der junge Herrscher in diesem Augenblick erbitten? Erfolg – Reichtum – langes Leben – Vernichtung der Feinde? Nicht um diese Dinge bittet er. Er bittet: *„Verleih deinem Knecht ein hörendes Herz, damit er dein Volk zu regieren und das Gute vom Bösen zu unterscheiden versteht."* (1 Kön 3,9) Die Bibel will uns mit dieser Erzählung sagen, worauf es für einen Politiker letztlich ankommen muß. Sein letzter Maßstab und der Grund für seine Arbeit als Politiker darf nicht der Erfolg und schon gar nicht materieller Gewinn sein. Die Politik muß Mühen um Gerechtigkeit sein und so die Grundvoraussetzung für Friede schaffen. Natürlich wird ein Politiker den Erfolg suchen, ohne den er überhaupt nicht die Möglichkeit politischer Gestaltung hätte. Aber der Erfolg ist dem Maßstab der Gerechtigkeit, dem Willen zum Recht und dem Verstehen für das Recht untergeordnet. Erfolg kann auch Verführung sein und kann so den Weg auftun für die Verfälschung des Rechts, für die Zerstörung der Gerechtigkeit. *„Nimm das Recht weg – was ist dann ein Staat noch anderes als eine große Räuberbande", hat der heilige Augustinus einmal gesagt*[1]. Wir Deutsche wissen es aus eigener Erfahrung, daß diese Worte nicht ein leeres Schreckgespenst sind. Wir haben erlebt, daß Macht von Recht getrennt wurde, daß Macht gegen Recht stand, das Recht zertreten hat und daß der Staat zum Instrument der Rechtszerstörung wurde – zu einer sehr gut organisierten Räuberbande, die die ganze Welt bedrohen und an den Rand des Abgrunds treiben konnte. Dem Recht zu dienen und der Herrschaft des Unrechts zu wehren ist und bleibt die grundlegende Aufgabe des Politikers. In einer historischen Stunde, in der dem Menschen Macht zugefallen ist, die bisher nicht vorstellbar war, wird diese Aufgabe besonders dringlich. Der Mensch kann die Welt zerstören. Er kann sich selbst manipulieren. Er kann sozusagen Menschen machen und Menschen vom Menschsein ausschließen. Wie erkennen wir, was recht ist? Wie können wir zwischen Gut und Böse, zwischen wahrem Recht und Scheinrecht unterscheiden? Die salomonische Bitte bleibt die entscheidende Frage, vor der der Politiker und die Politik auch heute stehen.

In einem Großteil der rechtlich zu regelnden Materien kann die Mehrheit ein genügendes Kriterium sein. Aber daß in den Grundfragen des Rechts, in denen es um die Würde des Menschen und der Menschheit geht, das Mehrheitsprinzip nicht ausrecht, ist offenkundig: Jeder Verantwortliche muß sich bei der Rechtsbildung die Kriterien seiner Orientie-

---

[1] De civitate Dei, IV,4,1.

rung suchen. Im 3. Jahrhundert hat der große Theologe Origenes den Widerstand der Christen gegen bestimmte geltende Rechtsordnungen so begründet: *„Wenn jemand sich bei den Skythen befände, die gottlose Gesetze haben, und gezwungen wäre, bei ihnen zu leben ..., dann würde er wohl sehr vernünftig handeln, wenn er im Namen des Gesetzes der Wahrheit, das bei den Skythen ja Gesetzwidrigkeit ist, zusammen mit Gleichgesinnten auch entgegen der bei jenen bestehenden Ordnung Vereinigungen bilden würde ...“*[2]

Von dieser Überzeugung her haben die Widerstandskämpfer gegen das Naziregime und gegen andere totalitäre Regime gehandelt und so dem Recht und der Menschheit als ganzer einen Dienst erwiesen. Für diese Menschen war es unbestreitbar evident, daß geltendes Recht in Wirklichkeit Unrecht war. Aber bei den Entscheidungen eines demokratischen Politikers ist die Frage, was nun dem Gesetz der Wahrheit entspreche, was wahrhaft recht sei und Gesetz werden könne, nicht ebenso evident. Was in bezug auf die grundlegenden anthropologischen Fragen das Rechte ist und geltendes Recht werden kann, liegt heute keineswegs einfach zutage. Die Frage, wie man das wahrhaft Rechte erkennen und so der Gerechtigkeit in der Gesetzgebung dienen kann, war nie einfach zu beantworten, und sie ist heute in der Fülle unseres Wissens und unseres Könnens noch sehr viel schwieriger geworden.

Wie erkennt man, was recht ist? In der Geschichte sind Rechtsordnungen fast durchgehend religiös begründet worden: Vom Blick auf die Gottheit her wird entschieden, was unter Menschen rechtens ist. Im Gegensatz zu anderen großen Religionen hat das Christentum dem Staat und der Gesellschaft nie ein Offenbarungsrecht, nie eine Rechtsordnung aus Offenbarung vorgegeben. Es hat stattdessen auf Natur und Vernunft als die wahren Rechtsquellen verwiesen – auf den Zusammenklang von objektiver und subjektiver Vernunft, der freilich das Gegründetsein beider Sphären in der schöpferischen Vernunft Gottes voraussetzt. Die christlichen Theologen haben sich damit einer philosophischen und juristischen Bewegung angeschlossen, die sich seit dem 2. Jahrhundert v. Chr. gebildet hatte. In der ersten Hälfte des 2. vorchristlichen Jahrhunderts kam es zu einer Begegnung zwischen dem von stoischen Philosophen entwickelten sozialen Naturrecht und verantwortlichen Lehrern des römischen Rechts[3]. In dieser Berührung ist die abendländische Rechtskultur geboren wor-

---

2 Contra Celsum GCS Orig. 428 (Koetschau); vgl. *A. Fürst,* Monotheismus und Monarchie. Zum Zusammenhang von Heil und Herrschaft in der Antike. In: Theol. Phil. 81 (2006), S. 321–338; Zitat S. 336; vgl. auch *J. Ratzinger,* Die Einheit der Nationen. Eine Vision der Kirchenväter (Salzburg/München 1971) 60.

3 Vgl. *W. Waldstein,* Ins Herz geschrieben. Das Naturrecht als Fundament einer menschlichen Gesellschaft (Augsburg 2010), S. 11 ff., 31–61.

den, die für die Rechtskultur der Menschheit von entscheidender Bedeutung war und ist. Von dieser vorchristlichen Verbindung von Recht und Philosophie geht der Weg über das christliche Mittelalter in die Rechtsentfaltung der Aufklärungszeit bis hin zur Erklärung der Menschenrechte und bis zu unserem deutschen Grundgesetz, mit dem sich unser Volk 1949 zu den „unverletzlichen und unveräußerlichen Menschenrechten als Grundlage jeder menschlichen Gemeinschaft, des Friedens und der Gerechtigkeit in der Welt“ bekannt hat.

Für die Entwicklung des Rechts und für die Entwicklung der Humanität war es entscheidend, daß sich die christlichen Theologen gegen das vom Götterglauben geforderte religiöse Recht auf die Seite der Philosophie gestellt, Vernunft und Natur in ihrem Zueinander als die für alle gültige Rechtsquelle anerkannt haben. Diesen Entscheid hatte schon Paulus im Brief an die Römer vollzogen, wenn er sagt: *„Wenn Heiden, die das Gesetz (die Tora Israels) nicht haben, von Natur aus das tun, was im Gesetz gefordert ist, so sind sie ... sich selbst Gesetz. Sie zeigen damit, daß ihnen die Forderung des Gesetzes ins Herz geschrieben ist; ihr Gewissen legt Zeugnis davon ab ...“* (Röm 2,14f) Hier erscheinen die beiden Grundbegriffe Natur und Gewissen, wobei Gewissen nichts anderes ist als das hörende Herz Salomons, als die der Sprache des Seins geöffnete Vernunft. Wenn damit bis in die Zeit der Aufklärung, der Menschenrechtserklärung nach dem Zweiten Weltkrieg und in der Gestaltung unseres Grundgesetzes die Frage nach den Grundlagen der Gesetzgebung geklärt schien, so hat sich im letzten halben Jahrhundert eine dramatische Veränderung der Situation zugetragen. Der Gedanke des Naturrechts gilt heute als eine katholische Sonderlehre, über die außerhalb des katholischen Raums zu diskutieren nicht lohnen würde, so daß man sich schon beinahe schämt, das Wort überhaupt zu erwähnen. Ich möchte kurz andeuten, wieso diese Situation entstanden ist. Grundlegend ist zunächst die These, daß zwischen Sein und Sollen ein unüberbrückbarer Graben bestehe. Aus Sein könne kein Sollen folgen, weil es sich da um zwei völlig verschiedene Bereiche handle. Der Grund dafür ist das inzwischen fast allgemein angenommene positivistische Verständnis von Natur. Wenn man die Natur – mit den Worten von H. Kelsen – als *„ein Aggregat von als Ursache und Wirkung miteinander verbundenen Seinstatsachen“* ansieht, dann kann aus ihr in der Tat keine irgendwie geartete ethische Weisung hervorgehen[4]. Ein positivistischer Naturbegriff, der die Natur rein funktional versteht, so wie die Naturwissenschaft sie erkennt, kann keine Brücke zu Ethos und Recht herstellen, sondern wiederum nur funktionale Antworten hervorrufen. Das gleiche gilt aber auch für die

4 *Waldstein* (FN 3), S. 15–21.

Vernunft in einem positivistischen, weithin als allein wissenschaftlich angesehenen Verständnis. Was nicht verifizierbar oder falsifizierbar ist, gehört danach nicht in den Bereich der Vernunft im strengen Sinn. Deshalb müssen Ethos und Religion dem Raum des Subjektiven zugewiesen werden und fallen aus dem Bereich der Vernunft im strengen Sinn des Wortes heraus. Wo die alleinige Herrschaft der positivistischen Vernunft gilt – und das ist in unserem öffentlichen Bewußtsein weithin der Fall –, da sind die klassischen Erkenntnisquellen für Ethos und Recht außer Kraft gesetzt. Dies ist eine dramatische Situation, die alle angeht und über die eine öffentliche Diskussion notwendig ist, zu der dringend einzuladen eine wesentliche Absicht dieser Rede bildet.

Das positivistische Konzept von Natur und Vernunft, die positivistische Weltsicht als Ganze ist ein großartiger Teil menschlichen Erkennens und menschlichen Könnens, auf die wir keinesfalls verzichten dürfen. Aber es ist nicht selbst als Ganzes eine dem Menschsein in seiner Weite entsprechende und genügende Kultur. Wo die positivistische Vernunft sich allein als die genügende Kultur ansieht und alle anderen kulturellen Realitäten in den Status der Subkultur verbannt, da verkleinert sie den Menschen, ja sie bedroht seine Menschlichkeit. Ich sage das gerade im Hinblick auf Europa, in dem weite Kreise versuchen, nur den Positivismus als gemeinsame Kultur und als gemeinsame Grundlage für die Rechtsbildung anzuerkennen, alle übrigen Einsichten und Werte unserer Kultur in den Status einer Subkultur verweisen und damit Europa gegenüber den anderen Kulturen der Welt in einen Status der Kulturlosigkeit gerückt und zugleich extremistische und radikale Strömungen herausgefordert werden. Die sich exklusiv gebende positivistische Vernunft, die über das Funktionieren hinaus nichts wahrnehmen kann, gleicht den Betonbauten ohne Fenster, in denen wir uns Klima und Licht selber geben, beides nicht mehr aus der weiten Welt Gottes beziehen wollen. Und dabei können wir uns doch nicht verbergen, daß wir in dieser selbstgemachten Welt im stillen doch aus den Vorräten Gottes schöpfen, die wir zu unseren Produkten umgestalten. Die Fenster müssen wieder aufgerissen werden, wir müssen wieder die Weite der Welt, den Himmel und die Erde sehen und all dies recht zu gebrauchen lernen.

Aber wie geht das? Wie finden wir in die Weite, ins Ganze? Wie kann die Vernunft wieder ihre Größe finden, ohne ins Irrationale abzugleiten? Wie kann die Natur wieder in ihrer wahren Tiefe, in ihrem Anspruch und mit ihrer Weisung erscheinen? Ich erinnere an einen Vorgang in der jüngeren politischen Geschichte, in der Hoffnung, nicht allzusehr mißverstanden zu werden und nicht zu viele einseitige Polemiken hervorzurufen. Ich würde sagen, daß das Auftreten der ökologischen Bewegung in der deutschen Politik seit den 70er Jahren zwar wohl nicht Fenster aufgerissen hat, aber ein Schrei nach frischer Luft gewesen ist und bleibt, den man nicht überhören darf und nicht beiseite schieben kann, weil man zu viel Irrationales darin findet. Jungen Menschen war bewußt geworden, daß irgend etwas in unserem Umgang mit der Natur nicht stimmt. Daß Materie nicht nur Material für unser Machen ist, sondern daß die Erde selbst ihre Würde in sich trägt und wir ihrer Weisung folgen müssen. Es ist wohl klar, daß ich hier nicht Propaganda für eine bestimmte politische Partei mache – nichts liegt mir ferner als dies. Wenn in unserem Umgang mit der Wirklichkeit etwas nicht stimmt, dann müssen wir alle ernstlich über das Ganze nachdenken und sind alle auf die Frage nach den Grundlagen unserer Kultur überhaupt verwiesen. Erlauben Sie mir, bitte, daß ich noch einen Augenblick bei diesem Punkt bleibe. Die Bedeutung der Ökologie ist inzwischen unbestritten. Wir müssen auf die Sprache der Natur hören und entsprechend antworten. Ich möchte aber nachdrücklich einen Punkt ansprechen, der nach wie vor – wie mir scheint – ausgeklammert wird: Es gibt auch eine Ökologie des Menschen. Auch der Mensch hat eine Natur, die er achten muß und die er nicht beliebig manipulieren kann. Der Mensch ist nicht nur sich selbst machende Freiheit. Der Mensch macht sich nicht selbst. Er ist Geist und Wille, aber er ist auch Natur, und sein Wille ist dann recht, wenn er auf die Natur achtet, sie hört und sich annimmt als der, der er ist und der sich nicht selbst gemacht hat. Gerade so und nur so vollzieht sich wahre menschliche Freiheit.

Kehren wir zurück zu den Grundbegriffen Natur und Vernunft, von denen wir ausgegangen waren. Der große Theoretiker des Rechtspositivismus, Kelsen, hat im Alter von 84 Jahren – 1965 – den Dualismus von Sein und Sollen aufgegeben. (Es tröstet mich, daß man mit 84 Jahren offenbar noch etwas Vernünftiges denken kann.) Er hatte früher gesagt, daß Normen nur aus dem Willen kommen können. Die Natur könnte folglich Normen nur enthalten – so fügt er hinzu –, wenn ein Wille diese Normen in sie hineingelegt hätte. Dies wiederum – sagt er – würde einen Schöpfergott voraussetzen, dessen Wille in die Natur miteingegangen ist. „*Über die Wahrheit dieses Glaubens zu diskutieren, ist völlig aussichtslos*", bemerkt er dazu[5]. Wirklich? – möchte ich fragen. Ist es wirklich sinnlos zu bedenken, ob die objektive Vernunft, die sich in der Natur zeigt, nicht eine schöpferische Vernunft, einen Creator Spiritus voraussetzt?

An dieser Stelle müßte uns das kulturelle Erbe Europas zu Hilfe kommen. Von der Überzeugung eines Schöpfergottes her ist die Idee der Menschenrechte, die Idee der Gleichheit aller Menschen vor dem Recht,

---

5 Zitiert nach *Waldstein* (FN 3), S. 19.

die Erkenntnis der Unantastbarkeit der Menschenwürde in jedem einzelnen Menschen und das Wissen um die Verantwortung der Menschen für ihr Handeln entwickelt worden. Diese Erkenntnisse der Vernunft bilden unser kulturelles Gedächtnis. Es zu ignorieren oder als bloße Vergangenheit zu betrachten, wäre eine Amputation unserer Kultur insgesamt und würde sie ihrer Ganzheit berauben. Die Kultur Europas ist aus der Begegnung von Jerusalem, Athen und Rom – aus der Begegnung zwischen dem Gottesglauben Israels, der philosophischen Vernunft der Griechen und dem Rechtsdenken Roms entstanden. Diese dreifache Begegnung bildet die innere Identität Europas. Sie hat im Bewußtsein der Verantwortung des Menschen vor Gott und in der Anerkenntnis der unantastbaren Würde des Menschen, eines jeden Menschen, Maßstäbe des Rechts gesetzt, die zu verteidigen uns in unserer historischen Stunde aufgegeben ist.

Dem jungen König Salomon ist in der Stunde seiner Amtsübernahme eine Bitte freigestellt worden. Wie wäre es, wenn uns, den Gesetzgebern von heute, eine Bitte freigestellt würde? Was würden wir erbitten? Ich denke, auch heute könnten wir letztlich nichts anderes wünschen als ein hörendes Herz – die Fähigkeit, Gut und Böse zu unterscheiden und so wahres Recht zu setzen, der Gerechtigkeit zu dienen und dem Frieden. Ich danke Ihnen für Ihre Aufmerksamkeit!

PP. Benedikt XVI.

RECHTSTHEORIE 42 (2011), S. 283–306
Duncker & Humblot, 12165 Berlin

RECHT OHNE MORALISCHE BINDUNG – ENTSCHEIDUNG ALS SELBSTREFERENZ DES RECHTSSYSTEMS

Von Gerhard Preyer, Frankfurt a. M.

I. Zur Fragestellung

In der theoretischen Beschreibung der rechtlichen Kommunikation wird von Rechtstheoretikern immer wieder vorgebracht, dass die universale Frage der Rechtstheorie die nach der guten und gerechten Ordnung des Gemeinwesens sei. Unbemerkt bleibt dabei, dass dies eine vormoderne Orientierung ist, die rechtsförmiges Entscheiden auf eine Harmonie mit der gesellschaftlichen Ordnung als Ganzheit und mit der kosmischen Ordnung abstellt (Legeshierarchie). Es fehlt auch nicht an Versuchen, Recht und Moral in Einklang zu bringen. Dafür gibt es in der Rechtstheorie seit den 1950er Jahren prominente Vertreter, wie z. B. *Herbert L. A. Hart.*[1] Wenn wir danach fragen, auf was diese Überlegungen hinauslaufen, so kommt dabei der Anspruch ins Spiel, die rechtliche Entscheidung und Kommunikation mit einer Supernorm oder einem Gerechtigkeitswert im Hinblick auf die soziale Dimension oder eine andere höhere Instanz zu validieren, z. B. mit der sozialen Gerechtigkeit, dem göttlichen Recht, dem Natur- oder Vernunftrecht. In der Berufung auf das Vernunftrecht – in welcher Version auch immer – wird die Paradoxie selten ausgesprochen, dass sich dabei die transzendentale Vernunft ihre Vernünftigkeit selbst demonstriert. Zudem hat sich unter den wohlfahrtsstaatlichen politischen Regimen die Anomie eingestellt, dass an das Recht Ansprüche herangetragen werden, die es nicht erfüllen kann. Auf sie hat das politische System seit den 1950er Jahren mit einer inflationierenden Gesetzesüberproduktion reagiert. Vor allem in der Bundesrepublik Deutschland wird von den Parteien nicht nur die Verfassungsgerichtsbarkeit politisch

---

1 *Herbert L. A. Hart,* The Concept of Law, 10. Aufl., Oxford 1979, S. 181–207. In der gegenwärtigen Rechtstheorie sind diesbezüglich beispielsweise *Jürgen Habermas, Otfried Höffe* und *Ronald Dworkin* zu erwähnen. Zu diesen Ansätzen: *Enrique P. Haba,* Standortbestimmung zeitgenössischer Rechtstheorie – Rawls, Dworkin, Habermas und andere Mitglieder der „Heiligen (Rede-)Familie“, in: Werner Krawietz/Gerhard Preyer (Hrsg.), System der Rechte, demokratischer Rechtsstaat und Diskurstheorie des Rechts nach Jürgen Habermas, 2. Aufl., Berlin 2004, S. 277–327; *Karl-Heinz Ladeur,* Rechtliche Ordnungsbildung unter Ungewissheitsbedingungen und intersubjektive Rationalität, in: ebd., S. 385–414 und *Ota Weinberger,* Diskursive Demokratie ohne Diskursphilosophie, in: ebd., S. 427–437.

instrumentalisiert, sondern der Ruf nach gesetzlichen Regelungen soll sozialpolitische Wunder vollbringen, die das evolutionär Unwahrscheinliche zum Wohl aller wahrscheinlich werden lassen.

Aus meiner Sicht verfehlt diese Perspektive die *Funktion* und *Leistung* des Rechts unter der Voraussetzung der funktionalen Differenzierung des Gesellschaftssystems. Das mag keine neue Einsicht sein, aber sie ist rechtstheoretisch und rechtssoziologisch in den Blick zu nehmen, um Rechtstheorie und Rechtssoziologie unter der Voraussetzung der Strukturprobleme der Gegenwartsgesellschaft neu zu positionieren. Dabei brauchen wir nicht bei Null anzufangen.

In einem ersten Schritt skizziere ich (i) die veränderte Situation der Beobachtung gesellschaftlicher Kommunikation, die sich im Zuge der Durchsetzung von funktionaler Differenzierung eingestellt hat. Sie betrifft (ii) die Ausgangslage, die von einer Kooperation zwischen Rechtstheorie als Reflexionstheorie des Rechtssystems und anderen Disziplinen zu beachten ist. Im nächsten Schritt skizziere ich (iii) meine mitgliedschaftstheoretische Reinterpretation der gegenwärtigen Systemtheorie, die so angelegt ist, dass sie auch die Stelle benennt, an der die Reflexionstheorie des Rechts und die Rechtssoziologie in die Theorie sozialer Systeme einzufügen ist.[2] Angesprochen ist dabei (iv) die Funktion des Negationsspielraums und die Autoritätsstruktur sozialer Systeme. Aus der mitgliedschaftstheoretischen Sicht ist der Negationsspielraum sozialer Systeme und die Kompetenz der Entscheidungsautorität aufeinander abzustimmen. Diese Autorität ist nicht nur als ein Letztentscheider zu charakterisieren, sondern sie ist eine Instanz, die befugt ist, Erwartungen und Entscheidungen als kontingent und außer Kraft zu setzen.[3] Wählen wir diesen theoretischen Anschnitt, so können wir angeben, unter welchen Voraussetzungen das Funktionssystem Recht als ein Teilsystem des Gesellschaftssystems institutionalisiert werden kann. Das führt mich (v) zu der strukturellen Relevanz der rechtstheoretischen und rechtssoziologischen Unterscheidung zwischen primären und sekundären Systemen des Rechts, wie sie der *Multi-Level-Approach* von *Werner Krawietz*

---

2 Dazu *Gerhard Preyer,* Soziologische Theorie der Gegenwartsgesellschaft, 3 Bde., Mitgliedschaftstheoretische Untersuchungen I, Lebenswelt, System, Gesellschaft II, Mitgliedschaft und Evolution III, Wiesbaden 2006, 2006, 2008.

3 Im Hinblick auf das politische System wurde diese Instanz derart gefasst, dass ihr die *auctoritas* zukommt, das Justitium zu erlassen; dazu *Gerhard Preyer,* Theorie und Soziologie des Rechts im Kontext Multipler Modernität, in: RECHTSTHEORIE 41 (2010), S. 469–485. Das betrifft das Souveränitätsparadox. Vgl. *Niklas Luhmann,* Die Politik der Gesellschaft, Frankfurt a. M. 2000, S. 33. Mein Anschnitt zielt nicht auf das politische Entscheidungshandeln und die Bestimmung des Politischen ab, sondern auf die Erweiterung der Bestandteile der *allgemeinen* Theorie sozialer Systeme.

vornimmt.[4] Diese Vorgehensweise hat (vi) ihren systematischen Grund in der Bestimmung der Beziehung zwischen Recht und Moral. Wenn die Selbstreferenz des Rechtssystems erfasst ist und wir die *Funktion* der Moral in der gesellschaftlichen Kommunikation plaziert haben, so fällt es leicht, die Beziehung zwischen Recht und Moral zu bestimmen. Als Schlussschritt liegt (vii) eine Überlegung zur Selbstbeschreibung des Rechtssystems nahe, die zugleich das Forschungsprogramm einer Kooperation zwischen Rechtstheorie und Rechtssoziologie erleichtern könnte.[5]

II. Funktionale Differenzierung und Beobachtung

Es gehört zu unserer Alltagserfahrung als Mitglied sozialer Systeme in unterschiedlichen Rollen, dass wir Überlegungen über Innen- und Außenbeziehungen in den unterschiedlichen sozialen Kontexten anzustellen haben. Darin drückt sich ein allgemeiner Grundzug der Teilnahme an den Kommunikationssystemen des modernen Gesellschaftssystems aus. Seine Funktionssysteme können von zwei Perspektiven aus beobachtet und beschrieben werden: von *Innen* und von *Außen*. Die *Außenbeschreibung* erfolgt unabhängig von der Bindung an die Funktion, den Code und die Erwartungen der Systemmitglieder. Das Wirtschaftssystem kann man z.B. vom politischen System, vom Rechts- oder auch vom Wissenschaftssystem aus beschreiben. Je nach Systemperspektive wird es dann als System beschrieben, in das politisch eingreifbar ist, das rechtlich normierbar ist und in dem wissenschaftliches Wissen angewandt wird. Die Außenbeschreibung ist ihrerseits immer von der Perspektive des Systems abhängig, von dem aus andere Systeme sich beobachten und beschreiben. Insofern liegt eine Bindung der Beobachtung an die Systemreferenz des Beobachters vor, z.B. das Wirtschaftssystem wird unter dem Gesichtspunkt des politischen Systems mit dem Anspruch auf Mitbestimmung als einem politischen Programm der Partizipationsdemokratie beschrieben.

Wird das jeweilige Teilsystem jedoch aus der *Innenperspektive* beschrieben, so ist sie eine Selbstbeschreibung des Teilsystems, welche die Geltung des Codes des Systems für andere Teilsysteme als verbindlich unterstellt und gegebenenfalls einfordert, z.B. Knappheitsbewältigung im Wirtschaftssystem und Durchsetzung politischer Entscheidungen im politischen System. Dabei stellt sich aber die Frage, ob und in welchem Ausmaß der Code und Umweltentwurf des Funktionssystems Anspruch

---

4 Zum *Multi-Level-Approach* vgl. *Preyer* (FN 3), S. 481–493.

5 Zum Begriff der Selbstbeschreibung des Gesellschaftssystems: *Niklas Luhmann*, Gesellschaft der Gesellschaft, Bd. 2, Frankfurt a.M. 1997, S. 866–868.

auf Verbindlichkeit hat und durchsetzbar ist oder ob es sich nur um einen Code unter anderen handelt? Es gehört zur soziologischen Aufklärung, dass wir die Frage mittlerweile dahin gehend beantworten, dass kein Teilsystem auf einen *einzigen* Umweltentwurf zu verpflichten ist.

Die bewusste Unterscheidung zwischen *Fremd-* und *Selbstbeschreibung* und das damit einhergehende Problem der Unterscheidung zwischen *Fremd-* und *Selbstbeobachtung* tritt erst ein, wenn sich die Struktur funktionaler Differenzierung durchgesetzt hat.[6] Die Kommunikation der Fremd- und Selbstbeschreibung und die Beobachtung der Anfertigung der Beschreibungen von der jeweiligen Systemperspektive aus bringt zwangsläufig eine Beobachtung zweiter Stufe mit sich. Sie gehört zu der Struktur funktionaler Differenzierung und tritt erst durch sie ein. Dafür ist typisch, dass sich beide Beobachtungen nicht aus-, sondern einschließen. Das ist dadurch zu erklären, dass funktionale Differenzierung Kommunikationssequenzen einrichtet, die einen Wechsel der beiden Beschreibungen evolutionär durchsetzen. Wir können schlicht davon ausgehen, dass die Beobachtung der Beobachtungen der Fremd- und Selbstbeschreibung zu dem Schicksal der Teilnehmer an den Kommunikationssystemen funktionaler Differenzierung gehört. Sie können sich ihr nicht entziehen, solange sie an diesen Systemen teilnehmen, da sich in der Fortführung ihrer Kommunikation Beobachter zu beobachten haben. Mit der Durchsetzung von funktionaler Differenzierung geht einher, dass sich die Teilsysteme gegenseitig beobachten. Die Beobachtung der Beobachtung wird deshalb zu einem funktionalen Imperativ der Teilsysteme, da sie sich durch die Systemkommunikation mit der Redundanz und Varietät von Information zu versorgen haben, die ihrerseits zu beobachten ist. Nur dadurch ist ihnen die für die Systemkommunikation erforderliche Information zugänglich. Dabei stellt sich, da die Aufstufung der Beobachtungen unendlich ist, nicht nur die Frage nach ihrer Fruchtbarkeit, sondern auch die nach dem Abbruch in der Iteration der Reflexionsstufung.

Bei jeder Beobachtung wirken sich zugleich die blinden Flecken der Beobachtung aus. Das führt zu entsprechenden Verzerrungen bei der Beobachtung aus der Systemperspektive, da in inkongruenten Einstellungen beobachtet und kommuniziert wird. In dem Ausmaß, wie sich funktionale Differenzierung durchsetzt, wird zunehmend bewusst, dass es in

[6] *Niklas Luhmann*, Das Recht der Gesellschaft, Frankfurt a.M. 1993, hebt hervor: „Die Selbstbeschreibung selbst ist ein paradoxes Unterfangen, weil sie die interne Beschreibung so behandelt, als ob es eine externe Beschreibung wäre, die über objektive Sachverhalte berichten könnte." (S. 545) Wir sollten davon ausgehen, dass dieses Paradox nicht durch logische Wahrheiten (Tautologien) aufzulösen ist. Ich lasse in diesem Artikel offen, wie dieses Paradox zu handhaben ist.

der modernen Gesellschaft keine Position gibt, von der aus festgestellt werden könnte, was für ein Funktionssystem erforderlich oder sogar richtig ist. Es fehlt für die Erfüllung der *Funktion* der Teilsysteme ein Maßstab zur Bewertung ihrer optimalen Aktivität. Das hat eine strukturelle Auswirkung auf die Reflexionstheorien der differenzierten Teilsysteme, die im Wissenschaftssystem entworfen werden, da sie nicht umhin können, sich auf die Umweltbeobachtung einzustellen und gleichzeitig darauf, dass sie von der Umwelt beobachtet werden. Dadurch verändern sich die soziostrukturelle Semantik, die Erkenntnistheorie und die Wissenschaftstheorie. Mit funktionaler Differenzierung geht einher, dass wir erkennen, dass es keinen allwissenden Beobachter gibt. Dadurch erweist sich der ontologische Status der Erfahrungswelt als Umweltselektion des Erlebens und Handelns der Mitglieder sozialer Systeme. Die Beobachtung der gesellschaftlichen Kommunikation wird auf die mehrstufige Kybernetik der Beobachtung der Beobachtung umgestellt.

Die Leitorientierung der Erkenntnistheorie ist somit die Frage: Wer ist der Beobachter? Da wir ohne die Bezugnahme auf die Unterscheidungen des Beobachters nicht die Selektion des Umweltgesichtspunktes kennen, der für ihn in den Blick kommt, da soziale Systeme nur als umweltbezogene Systeme operieren können, wirkt sich die Umweltbeziehung – auch des Wissenschaftlers – selektiv aus. Um diesen blinden Fleck der selektiven Umweltbeziehung sichtbar zu machen, sollte die erkenntnis- und kommunikationstheoretische Anweisung lauten: Beobachte den Beobachter! Im Wissenschaftssystem rückt deshalb die Theoriebildung in eine andere Position ein, da sie einen selbstreferenziellen Ausgangspunkt und damit einen umweltbezogenen Problembezug (= Funktion) hat.[7] Wenn wir diesen Ausgangspunkt ernst nehmen, so lässt sich die Theorie und Soziologie der Funktionssysteme dahingehend einstufen, dass *„Theorie selbst als Form struktureller Kopplung des Wissenschaftssystems mit den Reflexionstheorien der Funktionssysteme einzusetzen"* ist.[8] Die Reflexionstheorien bekommen dadurch eine größere Variabilität, da die Funktionssysteme nicht auf die Einbeziehung einer *bestimmten* Theorie zu verpflichten sind. Das eröffnet auch für die Rechtstheorie eine neue Variabilität in ihren Forschungsprogrammen, ohne dass sie die Analyse

---

7 Der hier zum Zuge kommende Funktionsbegriff darf nicht mit den Funktionsbegriffen der Sozialanthropologie und des systemtheoretischen Funktionalismus in der Tradition von *Talcott Parsons* verwechselt werden, da der Problembezug (= Funktion) in dem Umweltbezug im Hinblick auf die Suche nach funktionalen Äquivalenten gefasst ist.

8 *Luhmann* (FN 6), S. 543. Unter Theorie sollten wir kein uninterpretiertes Kalkül, sondern das Treffen einer Unterscheidung als *take off* der Beobachtung von Beobachtern verstehen.

ihrer Selbstreferenz in ein anderes Funktionssystem zur Untersuchung externalisiert. Das gilt für alle Reflexionstheorien der Funktionssysteme. Wir weisen damit aber auch der „Theorie" einen anderen Status zu, da sie in diesem Kontext als eine Kommunikation im Wissenschaftssystem einzustufen ist. Das schließt unterschiedliche Forschungsprogramme und Paradigmen im Wissenschaftssystem nicht aus. Die erkenntnistheoretische und ontologische Konsequenz ist, dass sich der wissenschaftliche und metaphysische Realismus überlebt hat und als ein sich selbst undurchsichtiger Umweltbezug erkannt wird. Es handelt sich dabei immer um eine Transparenz des Nichttransparenten, da jedes – um in der optischen Rede zu verbleiben – Sichtbare etwas Unsichtbares enthält. *Edmund Husserl* würde in diesem Fall von Appräsentation als einer Mitvergegenwärtigung sprechen.

III. Recht in der mitgliedschaftstheoretischen Version der Theorie sozialer Systeme

Die gegenwärtige Systemtheorie geht davon aus, dass Systeme umweltbezogene Entitäten sind, denen nicht etwas Anderes in der Umwelt entspricht. Sie sind durch ihre Innen-Außen-Differenzierung *selbstreferenzielle* und *selbstdeterminierte* Systeme, d.h. sie sind keine probabilistischen Automaten, sondern nichttriviale Maschinen. Soziale Systeme sind insofern künstliche Gebilde. Ihre Bestandteile systematisieren wir nicht als unteilbare Einheiten. Sie kommen durch ihre Relationierung und selbstreferenzielle Konditionierung zustande (Schließung). *Differenzierung ist die Wiedereinsetzung der Unterscheidung von System-Umwelt im System.* Sie ist keine Zerlegung des Ganzen in Teile, sondern jedes Teilsystem rekonstruiert die anderen sozialen Systeme (Teilsysteme) als umfassendes soziales System, dem es angehört, durch seine *eigene* System-Umwelt-Differenz. Es ist insofern im Blick zu behalten, dass die System-Umwelt-Differenz nicht mit der System-System-Beziehung zu verwechseln ist. Jedes System ist ein System *in* einer Umwelt. Das hat weitgehende epistemologische Folgen, da jede System-Umwelt-Differenz ihre Weltselektion als eine selbstreferenzielle Umweltselektion am Leitfaden einer besonderen Unterscheidung vornimmt, z.B. durch Begriffe.[9]

Die allgemeine Theorie sozialer Systeme geht davon aus, dass jedes soziale Ereignis im *System* zu untersuchen ist und jedes soziale System sich durch kommunikative Ereignisse zu reproduzieren hat. Es handelt sich dabei um Ereignisse, die mit ihrem Eintreten sofort wieder ver-

---

[9] Daraus ist zu folgern, dass Rationalität nicht durch Konsens zu begründen ist. Das ist noch nicht selbstverständlich, vgl. dazu *Niklas Luhmann*, Rationalität in der modernen Gesellschaft, in: Ideenevolution, Frankfurt a.M. 2008, S. 219 f.

schwinden. Insofern stellt sich für jedes soziale System der Problembezug der Restabilisierung in der Zeit. Das erfordert eine Konditionierung der Anschlussselektion (-rationalität). Soziale Systeme kann es nur geben, wenn ihre Mitglieder die Unterscheidung von Selbst- und Fremdreferenz handhaben können. Kommunikation hat so konditioniert zu sein, dass sie die Chance ihres Anschlusses und ihrer Fortführung erlaubt und eröffnet. Die elementare Unterscheidung ist dabei die Unterscheidung zwischen früher und später, Anfang und Ende. Insofern sind soziale Systeme nicht nur durch die Zeitdimension dominiert, sondern sie können sich auch nur als zeitpunktbezogene Ereignisse reproduzieren. Die Leitunterscheidung der Systemdifferenzierung betrifft somit (1) die *System-Umwelt-Relation* und (2) die davon zu unterscheidende *Intersystembeziehung*. Die allgemeine Theorie sozialer Systeme ist so anzulegen, dass wir mit einfachen Unterscheidungen komplexe soziale Strukturen analysieren und erfassen können.

Die *mitgliedschaftstheoretische* Version der Theorie sozialer Systeme löst das Problem der Einführung einfacher Unterscheidungen in die soziologische Theorie dadurch, dass soziale Systeme sich durch ihre Mitgliedschaftsbedingungen (Entscheidung über Mitgliedschaft) als selbstselektive (selbstreferenzielle, selbstkonstitutive, strukturdeterminierte) Systeme von ihrer Umwelt differenzieren. Mit dieser theoretischen Unterscheidung wird die Beobachtung und Spezifikation des *vorausgesetzten Objektbereichs* der Theorie angegeben, welcher zu der Komplexität der sozialen Wirklichkeit passt. Er ist die *Morphogenese sozialer Systeme, der ich die Selbstkonstitution sozialer Systeme durch die Entscheidung über Mitgliedschaft zuordne.*[10] Dafür gibt es in der Umwelt sozialer Systeme keine Entsprechung. Für die allgemeine Theorie sozialer Systeme heißt das: Es gibt kein soziales System ohne Mitgliedschaftsbedingung und ihre Programmierung. Die allgemeine Theorie erfordert jedoch die Berücksichtigung besonderer Annahmen über die *Grenzziehung* und den *Strukturaufbau* sozialer Systeme. Das betrifft ihre Spezifikation auf die Problemstufenordnung *Gesellschaft, Organisation* und *Interaktion* als Bezugsrahmen der Gesellschaftstheorie.[11]

---

10 Bei der mitgliedschaftstheoretischen Analyse der allgemeinen Theorie sozialer Systeme ist nicht die Frage zu stellen: „Wer entscheidet (ist der Entscheider)?" Die Entscheidung wird erst durch die systemeigene Strukturbildung spezifiziert, z.B. durch das Verwandtschaftssystem, die Prestigeordnung der sozialen Schichtung oder die Inklusionsordnung funktionaler Differenzierung und ihre Begrenzung durch formale Organisationen. Die Analyse dieser Strukturbildung fällt in die Gesellschafts- und Evolutionstheorie als Untersuchung der sozio-strukturellen Evolution; dazu vgl. *Preyer,* Soziologische Theorie der Gegenwartsgesellschaft III (FN 2), S. 61–101.

11 Zur Problemstufenordnung *Gesellschaft, Organisation* und *Interaktion* vgl. *Werner Krawietz,* Recht ohne Staat? Spielregeln des Rechts und Rechtssystem in

Die Selbstkonstitution sozialer Systeme durch die Entscheidung über Mitgliedschaft ist die basale Souveränität der sozialen Systeme. Insofern ist die fortlaufende Entscheidung über Mitgliedschaft die Selbstreferenz sozialer Systeme, indem sie als ihr eigener Souverän auftreten. Gehen wir von der Unentschiedenheit und Kontingenz der Entscheidung über Mitgliedschaft aus, so ist auch die Differenz zwischen System und Umwelt unentschieden. Erst durch die Entscheidung über Mitgliedschaft, ihre Kommunikation und Beobachtung tritt die Selbst- und Fremdreferenz sozialer Systeme ein. Die Selbstreferenz sozialer Systeme besteht somit in der mitgliedschaftstheoretischen Version der Theorie sozialer Systeme in der Entscheidung über Mitgliedschaft. Sie ist ihre Kontingenzformel. Dabei handelt es sich um eine Operation (Unterscheidung), die keine Bestandteile eines Systems verbindet, sondern sie selbstreferenziell hervorbringt. Die Entscheidung ist ein zeitliches Ereignis und kommuniziert eine Selektion, welche die Teilnahmebedingung an den Kommunikationssystemen des Gesellschaftssystems spezifiziert. Die mitgliedschaftstheoretische Fassung des Systembegriffs ist derart zu fassen: Die Entscheidung über Mitgliedschaft bestimmt die System-Umweltdifferenz, indem sie die Selbstreferenz des Systems als die Unterscheidung zwischen Mitglied-Nichtmitglied im System vornimmt und in der Zeit durch ihre Wiedereinsetzung prozessiert.

Die Unbestimmtheit der Entscheidung über Mitgliedschaft, d.h. über die Zugehörigkeit zu sozialen Systemen und über die Teilnahme an Kommunikationen, hält die Entscheidung zeitlich offen. Die Unentschiedenheit der Mitgliedschaft in sozialen Systemen ist auf die Entscheidung über Mitgliedschaft bezogen. Dadurch versetzen sich soziale Systeme in den Zustand *selbsterzeugter Ungewissheit*. Der Mitgliedschaftscode ist somit die Kontingenzformel sozialer Systeme, durch den sie selbstdeterminiert sind. Auch jede Kommunikation prozessiert Unentschiedenheit, da sie immer über Kommunikation und Nichtkommunikation zu entscheiden hat. Ohne diese Entscheidung gäbe es keine Kommunikation. Dabei handelt es ich um eine Situation der *Limitationalität*.[12] Insofern kann die Erfüllung von Erwartungserwartungen der Mitglieder sozialer Systeme nur diese Paradoxie prozessieren. Sie kann durch ihre Unentschiedenheit (Unbestimmtheit) suspendiert werden, ohne die Beziehung auf ihre Er-

---

normen- und systemtheoretischer Perspektive, in: Danilo Basta/Werner Krawietz/Dieter Müller (Hrsg.), Rechtsstaat – Ursprung und Zukunft einer Idee. Symposium zum 150-jährigen Bestehen der Belgrader Juristischen Fakultät, Berlin 1993, S. 81–133; *Preyer*, Soziologische Theorie der Gegenwartsgesellschaft III (FN 2), S. 101–119.

12 Von der soziologischen Forschung sind in allen Gesellschaften Situationen (Situationssequenzen) der *Limitationalität*, d.h. der Unentschiedenheit der Mitgliedschaft, gut belegt, z.B. Initiationsrituale.

füllung zu verlieren. Die Unentschiedenheit bleibt in die Erfüllung von Erwartungen eingeschlossen, obwohl ihre Erfüllung die Unentschiedenheit nicht enthält. Die Unentschiedenheiten, die mit den Erwartungserwartungen einhergehen, sind auf die Erwartungsenttäuschung bezogen. Jede Erwartungserwartung kann nicht zeitunabhängig gewährt werden. Es ist aber in der Gegenwart prüfbar, ob sie noch hält. Wir haben damit auch eine Erklärung dafür, warum soziale Systeme fortlaufend mit der Projektion von Regularitäten (Erwartungen) beschäftigt sind. Die Unentschiedenheit der Erfüllung von Erwartungen wird in der systemtypischen Kommunikation immer wieder in der Entscheidung über Inklusion und Exklusion bewusst.[13]

Wir können vor diesem Hintergrund die Funktion des Rechts bestimmen und die Frage beantworten, welcher Problembezug durch die Ausdifferenzierung der rechtlichen Kommunikation, der rechtlichen Erwartungserwartung und ihrer Normierung durch das Funktionssystem gelöst wird. Erwartungserwartungen sind nicht psychologisch, sondern im Hinblick auf die Zeitdimension zu erfassen bzw. zu charakterisieren. Zudem wir den Problembezug, d.h. die Funktion des Rechts im Hinblick auf die Zeitdimension spezifizieren, gehen wir auf Distanz zu seiner Spezifikation in der Sozialdimension, z.B. Recht als eine Verhaltenskontrolle und als ein Beitrag zur sozialen Integration.[14] Seine Funktion besteht in der Restabilisierung der Projektion eines besonderen Typs von Erwartungen im Hinblick auf die zeitliche, soziale und sachliche Generalisierung oder auch Partikularisierung.[15]

Die rechtliche Kommunikation dient nicht der sozialen Integration und der Harmonisierung von Konflikten, sondern sie befördert die Konfliktvermehrung. Konflikte bekommen durch das Recht eine Kommunikationsform, die in der Unterscheidung zwischen Recht und Unrecht vorliegt. Rechtliche Kommunikation kann negieren, ohne soziale Systeme in ihrer Struktur zu gefährden. Wir können insofern Recht als ein Kommunikationssystem beschreiben, das durch formale Organisation gestützte Selektionen kommuniziert. Für diese Selektion gibt es kein funktionales Äquivalent. Insofern kann es Gesellschaft ohne Recht nicht geben. Wenn wir davon ausgehen, dass die Selbstreferenz sozialer Systeme in der Entscheidung über Mitgliedschaft besteht, so können wir den Negationsspielraum sozialer Systeme und das Autoritätssystem als Bestandteile sozialer Systeme in die Rechtstheorie einbeziehen und ihre Relevanz für die rechtliche Kommunikation bestimmen.

---

13 Die Analyse von Inklusion-Exklusion fällt in die Gesellschaftstheorie und ist den Differenzierungsformen zuzuordnen.

14 *Luhmann* (FN 6), S. 125 f.

15 Zur Funktion des Rechts ebd., S. 124–164.

Für die Rechtstheorie sind aus der Sicht der Mitgliedschaftssoziologie zwei Punkte hervorzuheben:

(1) Einen mitgliedschaftstheoretischen und mitgliedschaftssoziologischen Zugang zum Rechtssystem haben wir dann, wenn wir davon ausgehen, dass der Rechtsträger als Mitgliedschaftsstatus in sozialen Systemen gesellschaftliche Kommunikation reproduziert. Erst dann können an einen Kommunikationsteilnehmer rechtliche Erwartungen adressiert werden und nur unter dieser Voraussetzung ist rechtliche Kommunikation zu beobachten.

(2) Die Entscheidung über Mitgliedschaft bestätigt durch die Prozessualisierung ihrer Unentschiedenheit (Unbestimmtheit) die Erwartungserwartung. Die Unentschiedenheit unterscheidet sich nicht von der Erwartungserwartung, die als Erwartungsprojektion im Hinblick auf ein zukünftiges Ereignis Unbestimmtes in Bestimmtes, somit Unwahrscheinliches in Wahrscheinliches überführt. Bei der rechtlichen Kommunikation handelt es sich um *selektive* Erwartungserwartungen, welche die Teilnehmer an den Kommunikationssystemen kontrafaktisch unterstellen, die aber auch enttäuscht werden können. Die rechtlichen Erwartungserwartungen betreffen die strukturelle Kopplung des Rechtssystems an andere soziale Systeme, die seine Leistung sicherstellen soll.[16] Jede Erwartungserwartung kann enttäuscht werden. Insofern sind besondere Restabilisierungen für ihre Erwartbarkeit erforderlich. Das verweist auf die Organisationsbildung, die Erwartungserwartungen durch die formale Regelung des Eintritts und Austritts auf Dauer stellt und Erwartungen durch ihre Bindung an Stellen sicherstellt. Dazu gehört, dass sich Organisationen auf Zwangsmittel stützen, um ihre Erwartungen erforderlichenfalls durchzusetzen.

Jede Erwartungsprojektion kann die Unterscheidung zwischen der gegenwärtigen Zukunft und der zukünftigen Gegenwart nicht beseitigen. Recht kann sich somit nur durch Entscheidung und ihre organisationelle Implementierung (Rechtsordnung) selbst binden. Dabei reduziert es Kontingenz und setzt, da auch anders entschieden werden kann, Unbestimmtheit der Erwartungserwartung der Systemmitglieder frei. Nur so kann es seine *Leistung* erbringen, dass Teilnehmer an dem Kommunikationssystem *Gesellschaft* ihre Erwartungserwartungen in der Zeit projizieren und die Teilnahme an ihm regeln.

---

16 Bei dieser strukturellen Kopplung findet eine Transformation der kommunikativen Medien statt, die sämtliche Medien betrifft. Dabei darf ihre selbstsubstitutive Ordnung nicht zerstört werden.

IV. Negationsspielraum sozialer Systeme und Autoritätssystem

Der Zusammenhang zwischen der Entscheidung über Mitgliedschaft und der *Funktion des Negationsspielraums* (Widerspruch) sozialer Systeme besteht darin, dass diese Entscheidung im Hinblick auf die Projektion der Erwartungen von Mitgliedern und die Anschlussrationalität von Kommunikationen getroffen wird.[17] Der Ausschluss aus der gesellschaftlichen Kommunikation übernimmt dabei die Funktion der Restabilisierung und der Selbstbeobachtung sozialer Systeme. Das ist im Blick zu behalten, da die Entscheidung über Mitgliedschaft einen Anschluss an *Erlaubt-Verboten* erlaubt. Das liegt nahe, da Mitgliedschaften die Erwartungserwartungen in Kraft setzen. Aus mitgliedschaftstheoretischer Sicht betrifft dies nicht die Codierung der Unterscheidung zwischen Recht und Unrecht, sondern den Mitgliedschaftscode. Der Rechtscode und seine Operationalisierung spezifizieren dann den Mitgliedschaftscode durch eine Kommunikationsunterbrechung, da er über die Teilnahme an den Kommunikationssystemen entscheidet. Das ist aus der Sicht der Operationalisierung des Mitgliedschaftscodes dadurch begründet, dass die Entscheidung „Nicht-Mitglied“ die *Funktion* des Widerspruchs gegenüber den Mitgliedern übernimmt und dadurch mitteilt, dass die Teilnahme an dem jeweiligen Kommunikationssystem unterbrochen oder beendet wird. Damit erkennen wir die gesellschaftsstrukturelle Funktion des Rechts, d.h. auf welche Situation und Selektion rechtliche Kommunikation zugeschnitten ist. Es ist dies der Enttäuschungsfall, der in jeder Kommunikation eintreten kann. Im Enttäuschungsfall ist die Erwartung kontingent und als unbestimmt gesetzt.

Die rechtliche Kommunikation kann nur funktionieren, wenn die Konfliktparteien selbst ihr Anliegen nicht mehr regeln können und sie in der Situation der Unbestimmtheit in die Entscheidung über die Fortführung der Kommunikation eintreten. Die Erkenntnis der Unbestimmtheit im Enttäuschungsfall beinhaltet dann, sofern die Kommunikation die Chance hat, fortgeführt zu werden, dass die Unbestimmtheit für einen Augen-

---

17 *Niklas Luhmann,* Soziale Systeme. Grundriss einer allgemeinen Theorie, Frankfurt a.M. 1984, S. 503–509, untersucht den Negationsspielraum sozialer Systeme aus der Sicht des Immunsystems. Ihm kommt die Funktion zu, die Selbstreproduktion selbstreferenzieller Systeme zu erklären. „Der Widerspruch (ist) eine Form, die es erlaubt, ohne Kognition (Umweltkenntnis, Analyse, d.V.) zu reagieren (operieren, d.V.).“ Ebd., S. 507–550. Luhmann nimmt damit eine Neufassung der soziologischen Konflikttheorie vor, dazu ebd., S. 488–550. Die Kommunikation von Widerspruch spricht eine Selbstreferenz aus. Er nimmt seine Einstufung des Immunsystems aus der Perspektive der Gesellschaftstheorie vor und exemplifiziert seine Funktion am Rechtssystem, ebd., S. 509 f. Das wäre im Einzelnen zu analysieren.

blick die strukturelle Anschlussfähigkeit zerstört. Darin besteht der Zusammenhang zwischen Selbstzerstörung und Selbstreproduktion sozialer Systeme durch die Entscheidung über Mitgliedschaft und die Begründung dafür, dass es Gesellschaft ohne Recht nicht geben kann, da es ohne die Entscheidung über das Verbleiben in der Gesellschaft und die Teilnahme an der gesellschaftlichen Kommunikation keine sozialen Systeme gibt.

Jede Kommunikation gibt es als Operation eines sozialen Systems nur dann, wenn sie den Kommunikationsanschluss auch als eine Projektion von Erwartungen im Hinblick auf die Fortführung von Kommunikation herstellen kann. Genau dazu erbringt die rechtliche Kommunikation als eine besondere Selektion der Erwartungsprojektion einen Beitrag. Insofern kommuniziert die rechtliche Kommunikation immer eine Selektion von Erwartungserwartungen.

Der Negationsspielraum des Mitgliedschaftscodes als Modell des Rechtscodes fungiert mangels kognitiver Einsichten. Der Rechtscode und seine Operationalisierung hat das Anschlussverhalten in den Kommunikationssystemen zu gewährleisten, indem er fortlaufend eine strukturelle Stabilität in der Instabilität der Reproduktion sozialer Systeme begünstigt. Ob wir das Recht nennen oder anders, ist irrelevant. Das erkennen wir dann, wenn wir davon ausgehen, dass „das Recht im Vorgriff auf mögliche Konflikte gebildet wird“.[18] Die Selbstbeschreibung als Wille des Gesetzgebers oder im Namen des Volkes, was auch immer das sein mag, ist eine Metaerzählung, die diesen Vorgang unsichtbar macht. Das ist im Blick zu behalten, da wir nur dann, wenn wir davon ausgehen, dass das Problem der Selbstbeschreibung des Rechtssystems erkannt werden kann, seine Reflexionstheorie auf diesen Zusammenhang einstellen können. Aus dieser Perspektive liegt es nahe, das Autoritätssystem der allgemeinen Theorie sozialer Systeme zuzuordnen, da über die Teilnahme an Kommunikationssystemen zu entscheiden ist.

Der Negationsspielraum sozialer Systeme hat viele Helfer. Die operative Schließung sozialer Systeme durch die Entscheidung über Mitgliedschaft kopiert nicht die Umwelt in soziale Systeme, sondern bildet systemeigene Negationen aus. Soziale Systeme schützen sich somit durch Negationen und Konflikt vor Annihilation. Diese Entscheidung hat die Funktion der fortlaufenden Selbstirritation sozialer Systeme. An einzelnen Fällen bilden sie dabei Strategien für die Lösung von internen Konflikten aus. Das erklärt die Funktion von Widerspruch, Konflikt (Streit) und Protest. Insofern schützen sich soziale Systeme durch Konflikte gegen Annihilation. Sie dienen nicht der Korrektur von Irrtümern und der

[18] Ebd., S. 109 f.

Dämpfung von Krisen. Es wird zum Negationsspielraum der sozialen Systeme nicht etwas hinzugelernt. Gleichzeitig erbringt dies einen Beitrag zur Stabilität sozialer Systeme, da der Konflikt dazu beiträgt, dass sie konfliktreich ihre Selbstreproduktion fortsetzen können.[19] Das erklärt uns auch, warum das Gesellschaftssystem als soziales System ein selbstregulatives System ist und sich selbst steuert. Eingriffe sind dabei nicht erfolgsversprechend; sie scheitern an der Selbstkonstitution sozialer Systeme.

Wenn wir davon ausgehen, dass die Entscheidung über Mitgliedschaft die grundlegende Operation sozialer Systeme ist, die sie als selbstreferenzielle Systeme bestimmen, die dadurch einen selbstreferenziellen Negationsspielraum ausbilden, dann können wir das *Autoritätssystem* in seiner Leitorientierung für die Operationsweise sozialer Systeme bestimmen. Jedes soziale System hat eine Instanz, die Entscheidungen autoritativ durchsetzt und ihr kommt die Autorität zu, Entscheidungen und Erwartungen für ungültig zu erklären. Das gilt unabhängig davon, wie diese Autorität unsichtbar gemacht wird. Angesprochen ist damit nicht die Willkür von Personen, sondern die Funktion von Negation und Konflikt in sozialen Systemen. Diese Funktion wird in der Kommunikation unsichtbar gemacht und personalisiert, da soziale Systeme für ihre kommunikative Reproduktion die Zuschreibung auf die Instanzen der Kommunikationsteilnehmer vorzunehmen haben. *Kommunikation bedarf einer Adresse.*[20] Erst dadurch sind Kommunikationsteilnehmer zu beobachten.

Das Autoritätssystem wird nur dann angemessen erfasst, wenn wir davon ausgehen, dass es eine Instanz ist, Entscheidungen und Erwartungen als kontingent und außer Kraft zu setzen. Darin vollzieht dieses System eine selbstreferenzielle Operation. Das betrifft das Verständnis von sozialen Normen und Rechtsnormen, da durch die Unbestimmtheit der Entscheidung über Mitgliedschaft die Mitgliedschaft zur Disposition gestellt wird. Sie enthält aber zugleich die Beziehung zur Mitgliedschaft. Die auf die Mitgliedschaft bezogene Entscheidung ist generell die Verfassung des

---

19 Von dieser Einsicht ausgehend ist die Theorie sozialer Integration neu zu fassen.

20 Nach Luhmann betrifft dies im Falle des Inklusionsprogramms funktionaler Differenzierung eine konstruierte Zuschreibungsinstanz als *Autor, Adresse* und *Thema* in Kommunikationssystemen; vgl. dazu *Niklas Luhmann,* Die Form „Person", in: ders., Soziologische Aufklärung 6, Die Soziologie und der Mensch, Wiesbaden 1995, S. 142–154. Die Instanz (Form als Unterscheidung) Person dient dazu, eine *„individuell attribuierte Einschränkung von Verhaltensmöglichkeiten"* vorzunehmen, ebd., S. 148. *„Personen dienen der strukturellen Kopplung von psychischen und sozialen Systemen"*, ebd., S. 253. Empfehlenswert ist die Darstellung von *Maren Lehmann,* Inklusion. Beobachtungen einer sozialen Form am Beispiel von Religion und Kirche, Frankfurt a. M. 2002, S. 123–134.

Autoritätssystems als Instanz einer Entscheidungsautorität, welche die Regelung von Erwartungen setzt, anwendet, außer Kraft setzt und Verfahren zur Regelung der Aufnahme und des Austritts aus sozialen Gruppen etabliert, z. B. Häuptlinge, Könige als Richter (Herr des Rechts) oder auch Leitungsteams in Organisationen. Es handelt sich dabei um Führungslinien, die Systemgrenzen abstecken. Diese Instanz verfügt über *normative Macht,* die den Mitgliedschaftscode und die entsprechenden Regelungen in Kraft setzt.[21] Das wird an der Rechtsentscheidung besonders deutlich, da die Selbstreferenz der rechtlichen Kommunikation eine Entscheidung ist, die nur als *Entscheidung* kommunikationsrelevante Folgen hat. Insofern hebt z. B. *Niklas Luhmann* hervor: „Für die *juristische* Interpretation/Argumentation gilt eine Besonderheit, die diesen Zusammenhang verstärkt. Sie muss eine Entscheidung über Recht und Unrecht vorschlagen bzw. begründen können. Denn im Rechtssystem können Entscheidungen erzwungen werden, Gerichte (und das begründet ihre Zentralstellung im System) dürfen sie nicht verweigern. Alle juristische Argumentation, die Textinterpretation vorträgt, hat daher einen *Entscheidungs*bezug, und zwar einen auf Entscheidungen in Angelegenheit *anderer.* Sie muss daher an Kommunikation orientiert sein."[22] Die rechtlichen Entscheidungen sind mit Rechtsgeltung ausgestattete Entscheidungsgründe für andere, die sich auf die Rechtsgeltung beziehen und keine Handlungsgründe, wie z. B. Überzeugungen, Wünsche und Absichten.[23] Recht wird durch Entscheidung gesetzt und gilt – aber auch veränderbar! – durch Entscheidung. Wir erfassen diesen Zusammenhang in seiner ganzen Tragweite, wenn wir soziale Normen als Erwartungserwartungen mit der Unterscheidung zwischen kognitiver und kontrafaktischer Orientierung untersuchen. Dadurch wird die Normtheorie von der Analyse der Rechtfertigung der Normgeltung auf das Eintreten des Enttäuschungsfalls und seine Verarbeitung umgestellt. Die Rechtsgeltung, die sich durch Entscheidungsgründe reproduziert, ist selbstreferenziell, da die rechtliche Kommunikation eine Kommunikation von Entscheidungen ist, die auch anders ausfallen kann. Nur dadurch kann Recht seine Funktion der zeitlichen Generalisierung von Erwartungen erfüllen.

Die *Leistung* des Rechts als die Restabilisierung von Verhaltenserwartungen in der Zeitdimension wird somit durch die strukturelle Asymmetrie der Rechtsentscheidung gegenüber den Betroffenen sichergestellt.

---

21 Zum Begriff der normativen Macht: *Preyer,* Soziologische Theorie der Gegenwartsgesellschaft II, Lebenswelt, System, Gesellschaft (FN 2), S. 170–173.

22 *Luhmann* (FN 6), S. 364 f.

23 Zur Unterscheidung zwischen Entscheidungs- und Handlungsgründen: *Preyer,* Soziologische Theorie der Gegenwartsgesellschaft II, Lebenswelt, System, Gesellschaft (FN 2), S. 168 f.

Nur deshalb ist eine Projektion von Erwartungserwartungen in der Zeit *ex ante* plausibel. Daran erkennen wir, dass die Funktion des Rechts nicht in der sozialen Integration bestehen kann. Die Rechtsprechung (Rechtsentscheidung) als Zentrum des Rechtssystems ist somit dadurch zu charakterisieren, dass sie Erwartungserwartungen durch Rechtsnormen als normativ *erlaubt* oder *verboten* charakterisiert.[24] Die Entscheidung ist in der Kommunikation zu beobachten und hat resonanzfähig zu sein. Das gilt auch für die Operationalisierung des Mitgliedschaftscodes, der Abweichungen und Spielräume zulässt. Die „Entscheidung" ist eine Entscheidung über Inklusion und Exklusion und somit über die Teilnahme an der gesellschaftlichen Kommunikation. Es ist eine Entscheidung darüber, wer in den Kommunikationssystemen des Gesellschaftssystems berücksichtigt wird oder nicht, wer teilnehmen darf oder ausgeschlossen wird, wer dazu- und wer nicht dazugehört. Somit handelt es sich um eine Entscheidung, die das gesellschaftliche Kommunikationssystem mit Widersprüchen und Konflikten ausstattet. Ihre Funktion besteht darin, dass sich soziale Systeme dadurch selbst beobachten und selbst irritieren.

Recht kann sich nur durch Entscheidung selbst binden, die durch die formale Organisation des Rechtssystems ausgeführt wird. *Die Einheit des Rechtssystems ist keine Norm oder ein Prinzip, sondern eine erfolgreiche selbstreferenzielle Operation.* Nur so kann der Rechtscode Recht-Unrecht funktionieren. Seine Selbstvalidierung ist nicht die normative Einstufung der Rechtsgeltung. Nur ein normfreier Geltungsbegriff der Rechtsgeltung ist institutionalisierbar. Konsens kann dabei nicht die Bedingung der Rechtsgeltung sein. Angesprochen sind damit die Evolution von Kompetenznormen und die sie einschränkenden Verfahren. Für die Differenzierung des Rechtssystems ist dabei die Stellung der Gerichte entscheidend.

Soziale Systeme bestehen nur dann, wenn sie sich selbst beobachten. Für das Rechtssystem heißt das, dass es sich nur durch Entscheidung selbst binden kann. Dadurch ist es ein selbstreferenzielles System, das seine Strukturen nur durch seine eigenen Operationen aufbaut und ändert. Ohne diese Selbstbeobachtung gibt es kein Rechtssystem. Die Selbstbeobachtung hat aber, wie jede Beobachtung, ihren blinden Fleck. Sie kann ihr Sehen nicht sehen. Rechtliche Kommunikation kommuniziert Entscheidung, die sich im *Urteil* und seiner Begründung unsichtbar macht. Jedes Urteil ist nur als Entscheidung zu beobachten. Die Entscheidung legt im Rechtssystem den historischen Zustand des Systems

---

[24] Die Peripherie ist für das Rechtsystem die Gesetzgebung. Im Zuge der Durchsetzung funktionaler Differenzierung liegen für die Funktionssysteme unterschiedliche Zentrum-Peripherie-Differenzierungen vor.

fest. Von ihm geht die nächste Operation aus. Sie ist die Selektion, die ein Wiedererkennen und eine Wiederholung als die Restabilisierung der rechtlichen Kommunikation gewährleisten kann. Die Einheit des Rechts – die Selbstreferenz der Rechtsentscheidung – ist solange operationsfähig, wie sie nicht von anderen Funktionssystemen absorbiert wird.

Die angesprochenen Zusammenhänge erkennen wir dann, wenn wir von der Kybernetik erster auf die Kybernetik zweiter Stufe übergehen. Wir erkennen dann, dass die Selbstbindung der rechtlichen Kommunikation keine Norm, kein vorgeordnetes Prinzip, keine Werteordnung, kein Naturrecht und kein Konsens ist, sondern seine selbstreferenzielle Operation, die wir in der gesellschaftstheoretischen Beschreibung dem Negationsspielraum des Gesellschaftssystems zuordnen: Recht wird im Hinblick auf mögliche Konflikte gebildet.

V. Primäre und sekundäre Rechtssysteme

Die primären Rechtssysteme sind der blinde Fleck der Beobachtung des staatlich organisierten Rechts und der daran orientierten Rechtstheorie. Der *Multi-Level-Approach* von *Werner Krawietz* resystematisiert rechtliche Kommunikation aus der Perspektive der primären und sekundären Rechtssysteme. Die Unterscheidung steht in dem breiteren rechtstheoretischen und soziologischen Kontext einer *„multiplen Modernität der Rechtssysteme“*, die besagt, „dass die Moderne in der Evolution von Gesellschaft und Recht *kein allgemeingültiges*, normativ fixes, institutionell auf Dauer gestelltes *Muster der rechtlichen Modernisierung* hervorgebracht hat, wie von manchen westlichen Rechtstheoretikern und Philosophen angenommen wird“.[25] Primäre Rechtssysteme sind Systeme mit besonderen (regionalen) Teilnahme- und Mitgliedschaftsbedingungen und der Regelung von Konflikten, z.B. durch informelle Regelungen und Schiedsgerichte. Die Unterscheidung zwischen primären und sekundären Rechtssystemen wird im Bezugsrahmen der System-Umwelt-Beziehung vorgenommen und ist struktureller Art. Wir können diese Unterscheidung durch die Entgegensetzung von *symbiotischer* Kommunikation versus *formal-organisierter* Rechtsentscheidung systematisieren. Gesellschaftstheoretisch geht der Ansatz von der evolutionären Differenzierung von *Gesellschaft, Organisation* und *Interaktion* und der Trennung zwischen dem politischen und dem Rechtssystem unter der Voraussetzung

---

25 *Werner Krawietz*, Moderne Rechtstheorie als Theorie primärer und sekundärer sozialer Systeme des Rechts, in: Gerhard Preyer (Hrsg.), Neuer Mensch und kollektive Identität in der Kommunikationsgesellschaft, Wiesbaden 2009, S. 249–271, 260. Vgl. dazu auch: *ders.*, Ausdifferenzierung des modernen Rechtssystems und normative strukturelle Kopplung – sozietal oder sozial? (im Druck).

funktionaler Differenzierung aus. Er gewichtet aber die *Leistung* des Rechts nicht ausschließlich in der System-System Beziehung zwischen den Funktionssystemen Wirtschaft-Recht-Politik-Wissenschaft-Religion, sondern verallgemeinert seine Leistung auf ihren besonderen Beitrag für die Kommunikationssysteme des Gesellschaftssystems, da diese „Systeme" durch unterschiedliche rechtliche Regelungen symbiotisch strukturiert sind. So hat sich z.B. im Falle des islamischen (religiösen) Rechts kein sekundäres Rechtssystem ausdifferenziert. Das schließt eine Kopplung an sekundäre soziale Systeme nicht aus. Primäre Rechtssysteme können im Unterschied dazu durch informelle Verfahren der Streitschlichtung geregelt sein, die nicht über die formale Organisation des Rechtssystems, seine Verfahrensordnung und seine organisationelle Umsetzung durch das politische System verlaufen.

Das Kommunikationsmedium Recht bleibt in primären Rechtssystemen an die symbiotischen Mechanismen der Wahrnehmung, der Bedürfnisbefriedigung, der Sexualität und der Macht als Ursymbole der Kommunikation rückgekoppelt, da alle symbiotischen Beziehungen diesseits der Trennlinie zwischen System und Umwelt jeder Kommunikation verbleiben. Es ist somit auf eine direkte Beobachtung von Kommunikationsteilnehmern und einen direkten Zugriff auf den Leib des Anderen angelegt. Das ist systemtheoretisch dadurch begründet, dass die System-Umwelt-Differenzierung über symbiotische Mechanismen verläuft. Dadurch wird die Nichtüberschreitbarkeit der Differenzordnung zwischen System und Umwelt nicht beseitigt, sondern in Beobachtungsnähe gerückt.[26] Die Kommunikation in primären sozialen Systemen vollzieht Kommunikation bei einem geringen Komplexitätsgefälle in der System-Umwelt Relation, da der symbiotische Bezug und die symbiotische Abhängigkeit die Kommunikation und Beobachtung des jeweiligen sozialen Systems dominiert. Primäre Rechtssysteme sind aus dieser Sicht auch unter der Voraussetzung der evolutionären Differenzierung zwischen *Gesellschaft, Organisation* und *Interaktion* als Struktur der funktionalen Differenzierung keine residuale Größe. *„Jedes Rechtssystem (ist) eine Einheit primärer und sekundärer Systeme."*[27] Es kann sich nur als Autoritäts- und Entscheidungssystem restabilisieren. Damit eröffnet sich eine Analyse der Funktion des Rechts, die seine Leistung nicht von der modernen strukturellen Kopplung zwischen dem politischen System und dem Rechtssystem abhängig macht. Die sekundären staatlich organisierten Rechtssys-

---

26 *Luhmann* (FN 17), S. 286–344, untersucht diesen Systemkontext als zwischenmenschliche Interpenetration.

27 *Werner Krawietz,* Juridische Kommunikation im modernen Rechtssystem in rechtstheoretischer Perspektive, in: Ulfrid Neumann/Stephan Kirste (Hrsg.), Rechtsphilosophie im 21. Jahrhundert, Frankfurt a.M. 2008, S. 196.

teme erbringen im Fall der Differenzierung von *Gesellschaft, Organisation* und *Interaktion* die *Leistung* der Kontrolle und des Schutzes der primären sozialen Systeme.[28] Insofern bekommt die Analyse regionaler Rechtsordnungen innerhalb des Funktionssystems Recht eine andere Relevanz, da die Differenzierung regionaler Rechtsregelungen der Funktionsdifferenzierung des Rechtssystems nicht einfach widerspricht, sondern sie insofern bestätigt, da rechtliche Kommunikation ihre *Leistung* durch unterschiedliche soziale Systemreferenzen erbringen kann. Sie kann auch an die religiöse Kommunikation und ihr Autoritätssystem gekoppelt sein (religiöse Rechtsordnung, traditionales Recht). Hinzuweisen ist darauf, dass auch innerhalb der deutschen Rechtsprechung islamisches Recht im Privatrecht angewandt wird, wie das Recht der Familie beweist. Primäres Recht ist somit ein Symbol dafür, dass symbiotisch verfasste soziale Systeme ihre Ansprüche anmelden und eine Differenzordnung des Umweltbezugs von kollektiven Identitäten und Ethnien artikulieren. Das führt zu dem Problem und der rechtlichen Verarbeitung von Sonderrechten von sozialen Gruppen und von Kollektivrechten. Es handelt sich dabei um Forderungen, die von multikulturellen sozialen Systemen gestellt werden.[29]

Aus der Perspektive der soziologischen Theorie der Gegenwartsgesellschaft beobachten wir mit der Unterscheidung zwischen primären und sekundären Systemen des Rechts die Differenzierung des globalisierten Gesellschaftssystems zwischen informell (symbiotischen) und formell organisierten Kommunikationen und ihren Erwartungserwartungen. An ihm zerbricht die *Logik der Optimierung und Perfektion,* und sie kann nicht mehr erneuert werden.

VI. Recht und moralische Kommunikation

Um überhaupt etwas Substanzielles über die Beziehung zwischen Recht und moralischer Kommunikation sagen zu können, bedarf es einer Klärung der moralischen Kommunikation und ihrer Funktion. Gehen wir von *Luhmanns* Neufassung der moralischen Kommunikation aus, so sind diesbezüglich weitgehende Korrekturen an dem überlieferten Verständnis von Moral vorzunehmen.[30] Unter Moral sind die Bedingungen zu ver-

---

28 *Krawietz* (FN 25), S. 269 f.

29 Vgl. dazu *Richard Münch,* 7.3. Multikulturalismus als Antwort auf das Scheitern des individualistischen Inklusionsprogramm, 7.4. Multikulturalismus versus universalistischer Individualismus. Zwei Inklusionsprogramme im Widerstreit, in: Globale Dynamik, lokale Lebenswelten. Der schwierige Weg in die Weltgesellschaft, Frankfurt a. M. 1998, S. 235–243.

30 *Luhmann* (FN 17), S. 319, 318–325. Luhmanns gesammelte Artikel zur Moralphilosophie und Moralsoziologe liegen vor in: *Detlef Horster* (Hrsg.), Die Moral der

stehen, die in sozialen Systemen *Achtung* und *Missachtung* festlegen. Die verallgemeinerte Zustimmung zu einem bestimmten Verhalten und seine Wertschätzung wird deshalb befürwortet oder abgelehnt, da es bestimmte Erwartungen erfüllt, die eine Fortführung von Kommunikation begünstigen. Die Grenzen mögen dabei nicht sehr bestimmt gezogen sein. Es kommen bei solchen Bewertungen auch immer Nichtübereinstimmungen auf, da oft unterschiedliche Gesichtspunkte für die Zuschreibung zu berücksichtigen sind, sei es z.B. des Standpunkts des Beobachters, des zu berücksichtigenden Hintergrunds, der unterschiedlichen Bewertungen und Toleranzen. Achtung wird durch Mitgliedschaft von selbst hervorgebracht und unter Mitgliedern von sozialen Systemen gewährt oder entzogen. Das trifft für alle sozialen Systeme zu. Man könnte auch von einem Achtungszwang sprechen, da man zwar unterschiedliche Einstellungen zu den Mitgliedern des sozialen Systems, dem man angehört, haben kann, aber es schwer ist, grundsätzlich „Gegen einen von uns" zu sein, ohne sich selbst in Frage zu stellen.

Die Zuschreibung von Achtung bedarf ihrerseits einer Instanz, damit sie von den Mitgliedern von sozialen Systemen identifiziert werden kann. Die Wertschätzung für ein bestimmtes Verhalten, eine Leistung oder ein Engagement ist ein Beitrag zur Erhaltung der Funktion von sozialen Systemen, der Mitgliedern zugeschrieben wird. Wir schätzen z.B. den Kollegen auf Grund seiner Kooperationsbereitschaft und die Kassiererin beim Einkauf im Großmarkt, da sie zügig und freundlich ihre Aufgabe bewerkstelligt. Die Ausübung einer Rolle ist somit die Instanz, der wir Billigung und auch Missbilligung zuschreiben. Dadurch können sich die Teilnehmer an Kommunikationssystemen in ihren Positionen im Systemgeschehen verorten und für andere Kommunikationsteilnehmer, auch von anderen sozialen Systemen aus, Orientierungen bereitstellen, auf die diese wiederum ihr Verhalten einstellen. Die Instanz der Mitgliedschaft informiert uns darüber, *wer welche* Position einnimmt und strukturiert dadurch die Erwartungserwartungen und die Kommunikation. Die Personalisierungen, die wir dabei beobachten, sind Rituale für die Zuschreibung, die einen Zugriff auf die Motive der Mitglieder zulässt. Erst diese Instanz erlaubt den kommunikativen Ausschluss, aber auch Lob und Anerkennung. Der Mechanismus der Zuerteilung besteht gerade darin, dass davon die Person als Ganze betroffen ist. Das erklärt sich aus der Personalisierung, da bei der Zuerteilung von Achtung und Missachtung die

Gesellschaft, Frankfurt a.M. 2008. Zur Analyse von moralischer Achtung als Medium gesellschaftlicher Kommunikation vgl. *Richard Münch,* Dynamik der Kommunikationsgesellschaft, Frankfurt am Main 1995, S. 214–239. *Gerhard Preyer,* Zur Neufassung des Problems der moralischen Kommunikation, in: Gesellschaft im Umbruch, 2 Bde., II Jenseits von National- und Wohlfahrtsstaat, Frankfurt a.M. 2009, S. 146–169.

Differenz zwischen Person und Mitglied unsichtbar gemacht wird. Wir würdigen z.B. eine bestimmte Person für ihre berufliche Leistung, bei einer Pensionierung und weniger als Mitarbeiter des Unternehmens.

Gehen wir von dieser Neufassung von moralischer Kommunikation aus, dann können wir die Beziehung zwischen rechtlicher und moralischer Kommunikation anders bestimmen. Rechtliche Kommunikation ist eine selbstreferenzielle Kommunikation gerade dann, wenn sie fremdorientiert ist (*Leistung* des Rechts). Sie kann keine moralischen Entscheidungen prozessieren. Würde das eintreten, so bräche die rechtliche Kommunikation zusammen. Insofern ist hervorzuheben, dass sich rechtliche Entscheidungen nicht moralisch und ethisch bewerten lassen. Alle Versuche, Rechtsentscheidung an den Moralcode anzuschließen, sind schon im Ansatz als verfehlt einzustufen. Letztlich sollte man sie, so wie das Naturrecht, vergessen. Läge ein Moralrecht vor, so würde das auf Terror hinauslaufen. Bewertbar sind bei rechtlichen Entscheidungen nur *Fehler*, die in der Selbstbeobachtung des Rechtssystems zu Tage kommen.

In den sozialen Rollen und Statuspositionen im Rechtssystem nehmen die Teilnehmer, seien es z.B. Richter, Staatsanwälte, Anwälte und Angeklagte und Gefangene, aber auch an der moralischen Kommunikation teil. Sie kommunizieren als Teilnehmer an sozialen Systemen immer auch auf einem moralischen Achtungsmarkt. Insofern liegt es nahe, dass sie ihre Selbstachtung möglichst nicht in Frage stellen möchten. Das ist aber kein wesentliches Merkmal der rechtlichen Kommunikation, sondern es trifft auch auf die Teilnahme an der Kommunikation in anderen sozialen Systemen zu. Es gilt für Gefängnisse genau so wie für Geschäftsverhandlungen. Wer möchte schon seine Selbstachtung bei der Teilnahme an Kommunikationen in Frage stellen lassen? Das dadurch herbeigeführte Risiko der Fortführung der Kommunikation wäre für den Betreffenden zu groß, da er auf dem Achtungsmarkt des für ihn relevanten sozialen Systems die Fortführung der Kommunikation gefährden würde. Angesprochen ist damit nicht die zwischenmenschliche Interpenetration im Differenzkorridor zwischen System und Umwelt, sondern die Anschlussrationalität der Fortführung der Kommunikation. Ohne die Gestaltung der Anschlussrationalität können sich soziale Systeme, die von der Zeitdimension dominiert sind, nicht reproduzieren. Dazu gehört auch die moralische Kommunikation. Sie ist aber kein Funktionssystem des Gesellschaftssystems, da es keinen übergeordneten moralischen Code der gesellschaftlichen Kommunikation gibt.[31]

---

31 Zur Instabilität des globalen moralischen Achtungsmarkts vgl. *Münch* (FN 30), 9. Moralische Achtung als Medium der Kommunikation, S. 214–240.

VII. Selbstbeschreibung des Rechtssystems

Luhmann hat darauf aufmerksam gemacht, dass das moderne Gesellschaftssystem seit dem 19. Jahrhundert seine Selbstbeschreibung noch nicht gefunden hat. Wirkungsgeschichtlich wurden sie *pars pro toto* Setzung der Teilsysteme, sei es z.B. im Sinne der Wirtschaftsgesellschaft, der staatszentrierten Gesellschaft und der Wissensgesellschaft. Es ist nicht zufällig, dass es keine inhaltliche Selbstbeschreibung finden konnte. Vom Standpunkt der Soziologie aus ist nicht zu erwarten, dass sie eine Selbstbeschreibung der Gesellschaft anbietet, die mit einer Abschlussformel operiert. Aus Luhmanns Sicht ist für die soziologische Selbstbeschreibung des Gesellschaftssystems zwischen der *Sachdimension* – der Zuordnung von unterschiedlichen Systemreferenzen –, der *Zeitdimension* – der Zuordnung der Diskontinuität der ereignishaften Selbstreferenz sozialer Systeme und der *Sozialdimension* – der Zuordnung der Ja/Nein-Bifurkation, die jede Kommunikation eröffnet oder schließt – zu unterscheiden. Vom Standpunkt der mehrstufigen Kybernetik ist die Selbstbeschreibung der Gesellschaft nicht mehr an Hand von inhaltlichen Vorgaben vorzunehmen, sondern im Übergang zur Kybernetik zweiter Stufe ist Beobachtung (Beschreibung) auf die Beobachtung von Beobachtung (Beschreibung von Beschreibung) einzustellen.[32] Das hat zur Folge, dass „Gesellschaft als selbstmodifikationsfähige Einheit begriffen werden muss".[33] Sie führt die Unentschiedenheit über Mitgliedschaft und über Kommunikation und Nichtkommunikation immer mit sich, die ihr als selbstmodifikationsfähige Einheit eine nur diesem Kommunikationssystem typische Struktur und Stabilität gibt.

Auf dem Ist-Stand ist nicht davon auszugehen, dass die Rechtstheorie seit dem 19. Jahrhundert Reflexionstheorien formuliert hat, die den blinden Fleck ihrer selbstreferenziellen Beobachtung berücksichtigten. Das mag auch mit der Umstellung auf das positive Recht als Geltungsgrundlage rechtlicher Kommunikation und auf die damit verbundene Ablösung des Naturrechts einhergegangen sein. Begriffs- und Interessenjurisprudenz konnten diese Umorientierung nicht erfassen. Während die Begriffsjurisprudenz selbstreferenziell im Hinblick auf die Abstimmung der rechtstechnischen Begriffserklärung verfährt, artikuliert im Unterschied dazu die Interessenjurisprudenz den Umweltbezug, somit die Leistung des Rechtssystems für andere soziale Systeme. Die Einheit der Operation des Funktionssystems bleibt dabei ungeklärt. Das gilt unabhängig davon, welche Relevanz wir den beiden Ansätzen rückblickend für die Rechtsdogmatik in der rechtstechnischen Systematisierung und in ihrer Sensi-

---

32 *Luhmann* (FN 5), Bd. 2, S. 1139 f.

33 Ebd., S. 1141.

bilität bei der Umweltbeobachtung, somit der Leistung des Rechts, zuschreiben.

Wenn wir davon ausgehen, dass das Rechtssystem als Entscheider kommuniziert und seine Selbstreferenz eine Entscheidung ist, so ist die Selbstbeschreibung seiner *Funktion* und *Leistung* als Entscheidungssystem vorzunehmen. Dabei hat es sich fortlaufend seinen blinden Fleck der Beobachtung des Blickwinkels seiner Selbstkonstitution bewusst zu machen. Durch Entscheidung vollzieht es seine Selbstreferenz, die durch das Verbot der Justizverweigerung erzwungen wird.[34] Dadurch wird die Selbstbeschreibung auf die Erwartungen der Umwelt des Rechtssystems eingestellt (*Leistung* des Rechts) und an die rekursive Schließung der rechtlichen Kommunikation strukturell gekoppelt. Wenn wir bei der Selbstbeschreibung des Rechtssystems auf die Zeitdimension umstellen, die den Negationsspielraum sozialer Systeme einbezieht und seine Leistung als Entscheidungssystem erfassen, so gewinnen wir dadurch einen neuen Spielraum für die Reflexionstheorie des Rechtssystems, da wir ein anderes Verständnis der Einheit der rechtlichen Operation ausbilden. Da Entscheidung nur als Konditionalprogramm durchführbar ist, geht damit zwangsläufig einher, dass das System keine Entscheidung für die Betroffenen fällen kann, die „*auf alle Fälle* Recht ... bekommen“ können.[35] Das wird jede Selbstbeschreibung des Rechtssystems zu berücksichtigen haben.

Die Selbstvalidierung des Rechtssystems ist auf seinen Code beschränkt. Das gilt auch bei allen anderen Funktionssystemen. Es ist rechtstheoretisch davon auszugehen, dass wir die Selbstreferenz des Rechts durch Entscheidung, wie es durch die Positivität des Rechts zum Ausdruck gebracht wird, von der Selbstbeschreibung seiner Funktion und seiner Leistung zu unterscheiden haben. Die Entscheidung als Selbstreferenz des Rechtssystems verweist auf die Zeitdimension, in der es seine *Funktion* und *Leistung* für die gesellschaftlichen Kommunikationssysteme als ein Entscheidungssystem erfüllt oder daran scheitert. Das sollte seine Selbstbeschreibung berücksichtigen. Das Rechtssystem hat, wie jedes andere soziale System, zu verarbeiten, dass Vergangenheit

[34] Zum Verbot der Justizverweigerung *Luhmann* (FN 6), S. 310–319: „Während das römische Recht und noch das mittelalterliche Recht nur für bestimmte definierte Klagen (actio, writ) Rechtsschutz gewährten, ist es im Übergang zur Neuzeit selbstverständlich geworden, dass jede Klage durch eine Entscheidung zu beantworten ist, auch wenn dies gesetzlich nicht ausdrücklich vorgeschrieben ist (wie zum Beispiel im berühmten Art. 4. des Code civil). Erst mit dieser Maßgabe, Rechtsprechung eigenverantwortlich *gewähren zu müssen,* konnte der Richter aus der alten Reichsaufsicht in die politische Unabhängigkeit entlassen werden.“ (S. 310 f.) Erst dann kann sich die rechtliche Kommunikation selbstreferenziell schließen.

[35] Ebd., S. 549.

zur Geschichte wird, über die sie nicht mehr disponieren können. Soziale Systeme sind von der Zeitdimension dominiert. Das dramatisiert sich durch die funktionale Differenzierung dahingehend, dass alle theoretischen Unterscheidungen ihren Charakter des Neuen verlieren. Das gilt für alle Ereignisse. Gegenwart kann nur als etwas in einer vergangenen Zukunft beschrieben werden. Gehen wir davon aus, dass Gegenwart als eine Unterscheidung der Nichtübereinstimmung von Vergangenheit und Zukunft zu begreifen ist, dann sind in der Gegenwart nur noch Entscheidungen zu kennzeichnen. Es kann und mag offen bleiben, wann und wem sie zugerechnet werden.

Ein weiterer Punkt ist für die Selbstbeschreibung des Rechtssystems zu erwähnen, da es in der Gegenwartsgesellschaft zunehmend durch Ansprüche anderer sozialer Systeme und ihrer Organisationen irritiert und überfordert wird. Recht und die Nachfrage nach Recht führen eine Komplexität herbei, die für das Recht zunehmend intransparent geworden ist.[36] Das setzt seine Leistung herab. Davon ist nicht nur das Rechtssystem, sondern auch die gesellschaftlichen Kommunikation betroffen. Gleichzeitig rückt es, z.B. in der Europäischen Union, durch die zunehmende Relevanz der Rechtsprechung in eine neue Regelungsinstanz der systemtypischen Kommunikation ein. Das führt zu einem zentralen Thema der rechtstheoretischen und rechtssoziologischen Forschung, die anderen strukturellen und operativen Kopplungen zwischen dem Rechtssystem und den übrigen Funktionssystemen, die wir mittlerweile beobachten, zu erforschen.

Der Erkenntnisgewinn einer Neufassung der Beziehung zwischen rechtlicher und moralischer Kommunikation ist darin zu sehen, dass Moral die Geltung von Rechtsnormen nicht begründen kann. Rechtstheoretische Ansätze, die der Rechtsgeltung systematisch Prinzipien und Idealisierungen vorordnen, durch die sie begründet und gerechtfertigt seien, können sie nicht begründen. Die Gültigkeit der Rechtsgeltung kann auch nicht durch die Zustimmung aller Betroffenen begründet und gerechtfertigt werden, da diese Zustimmung nicht justiziabel ist. Es ist nicht zufällig, dass sich die Selbstbeobachtung der rechtlichen Kommunikation vor allem auf die Beobachtung der Rechtsmittel konzentriert. Dabei folgt sie der Selektion der Selbstreferenz der rechtlichen Operation. Es ist jedoch hervorzuheben, dass die Funktion des Rechts darin besteht, Konflikte zu verarbeiten, die durch die moralische Kommunikation nicht zu lösen sind. Moralische Kommunikation als das Entgegenbringen von Achtung

---

36 Zu den Paradoxien des rechtlichen Rationalismus, Individualismus, Universalismus und des instrumentellen Aktivismus der Rechtsgestaltung *Preyer* (FN 2), 3. Mitgliedschaft und Evolution, S. 200–204; vgl. dazu auch *Münch* (FN 30), 8. Recht als Medium der Kommunikation, S. 178–214.

kann selektive Kommunikationsanschlüsse herstellen. Das gilt für die Kommunikation in allen sozialen Systemen, aber moralische Kommunikation kann „Gott sei Dank“ die gesellschaftliche Kommunikation nicht steuern. Wir sollten uns endlich nicht nur daran gewöhnen, sondern bei allen Reflexionstheorien zum Zuge bringen, dass kein Teilsystem mehr für die Gesellschaft sprechen kann. Angesprochen sind damit auch die Moral und die moralische Empörung, von wem sie auch immer geäußert wird. Das gehört zur soziologischen Aufklärung als einer *Abklärung*.[37] Die Moral ist nicht an die Selbstreferenz des Rechts anzuschließen. Diejenigen, die das versuchen, erfassen beides nicht! Weder Recht noch Moral!

[37] Siehe dazu *Niklas Luhmann*, Soziale Aufklärung (1967), in: Soziologische Aufklärung. Aufsätze zur Theorie sozialer Systeme, Bd. 1, S. 66–91, Opladen 1974. Die Aufklärung war bereits aus der Perspektive von *Hegels* Phänomenologie des Geistes (1806) eine historische Position und Epoche. Der Berufung auf sie kam in der Folge keine philosophische und theoretische Relevanz mehr zu. Die Aufklärung des 18. Jahrhunderts war ein Symptom der beginnenden, aber noch nicht durchgesetzten funktionalen Differenzierung. Ein Erkenntnisfortschritt im Verständnis von Aufklärung liegt erst vor bei *Luhmann* und *Reinhard Koselleck*, Kritik und Krise. Eine Studie zur Pathogenese der bürgerlichen Welt, Frankfurt a. M. 1973, sowie *ders.*, Sprachwandel und sozialer Wandel im ausgehenden Ancien régime, S. 287–308, Begriffliche Innovationen der Aufklärungssprache, S. 309–339, Aufklärung und die Grenzen ihrer Toleranz, S. 340–362, in: Begriffsgeschichten, Frankfurt a. M. 2006, vor.

RECHTSTHEORIE 42 (2011), S. 307–331
Duncker & Humblot, 12165 Berlin

VERHÄLTNISUMKEHR VON FREIHEIT UND SICHERHEIT

Zur Neubestimmung der Aufgabe des Gesetzes im Zeitalter der Ungewißheit

Von Shu-Perng Hwang, Taipeh

I. Problemstellung

Die Gewährleistung von Freiheit und Sicherheit zählt nach wie vor zu den wichtigsten Aufgaben des Rechtsstaates. In herkömmlicher Hinsicht steht Freiheit insoweit mit Sicherheit in Einklang, als die Freiheitssicherung erst durch die Sicherheitsgewährleistung zu garantieren ist. Gerade diese sicherheitsbedingte Freiheitsidee liegt dem Rechtsstaat zugrunde und trägt daher dazu bei, die substanzorientierte Rechtssicherheit beim Ausgleich von Freiheit und Sicherheit in den Vordergrund zu rücken. Vor diesem Hintergrund liegt es nahe, daß das Gesetz vornehmlich dazu verpflichtet ist, durch materiell-inhaltlich bestimmte und vollständige Vorherbestimmungen die Rechtssicherheit zu verankern und dadurch die Freiheit in Sicherheit umfassend zu gewährleisten. In den letzten Jahren verstärkt sich das Sicherheitsbedürfnis in der Bevölkerung, so daß eine Ausdehnung der Staatstätigkeit von der Gefahrenabwehr auf die Risikovorsorge im allgemeinen für unentbehrlich gehalten wird. Demzufolge kommt dem Gesetz erst dann eine stabilisierende und damit freiheitssichernde Bedeutung zu, wenn dieses nicht lediglich auf Gefahrenbeseitigung, sondern ferner auf Gefahrenprävention ausgerichtet ist. Sowohl die Zunahme der Sicherheitsgesetze als auch die Hinwendung zum Präventionsstaat bestätigt den Befund, daß, auch angesichts der unklaren und unvorhersehbaren Bedrohungslage, man immer wieder an der klassischen, überwiegend am bestehenden Rechtszustand orientierten Ordnungsidee festhält, daß es keine Freiheit ohne Sicherheit geben könne.

Im Zeitalter der Ungewißheit ist dieses Modell jedoch durchaus in Frage gestellt. Mit Blick auf die hohe Dynamik der technischen und wissenschaftlichen Entwicklungen erwächst der Zweifel, ob und inwiefern die Sicherheit sich noch durch die vermehrte Sicherheitsgesetzgebung gewährleisten läßt. Wenn eine umfassende Sicherheitsgewährleistung durch materiell-inhaltlich bestimmte und lückenlose Gesetze nicht mehr möglich ist, so scheint nach rechtsstaatlichem Ordnungsgedanken die Freiheit auch in Gefahr zu sein. Vor allem im Rahmen der mit den technisch-wissenschaftlichen Fortschritten stark verbundenen Referenzgebieten wie des Umwelt-, Technik- und des Telekommunikationsrechts wird immer wieder debattiert, wie Sicherheit unter Unsicherheit zu ermöglichen ist. Vor diesem Hintergrund ist es kein Wunder, daß die offenen, unbestimmten Rechtsbegriffe dort einerseits angesichts der Ungewißheit der zu regelnden Materie vielfach verwendet, andererseits aber immer wieder für inhaltlich „unzureichend" und daher konkretisierungsbedürftig gehalten werden. Dabei wird allerdings vernachlässigt, daß diese neueren Entwicklungen, die sich immer noch auf die klassische inhaltsorientierte Ordnungs-, Sicherheits- und Freiheitsidee zurückführen lassen, die Balance von Freiheit und Sicherheit beeinträchtigen würden, indem die Verwaltung an die Stelle des Gesetzes tritt und auf diese Weise das Verhältnis zwischen Freiheit und Sicherheit in denjenigen Referenzgebieten verzerrt, die sich in erster Linie durch hohe Komplexität, starke Dynamik und erhebliche Ungewißheit der Sachverhalte auszeichnen. Auf dieser Erkenntnisgrundlage versucht die vorliegende Arbeit, die Aufgabe des Gesetzes, Freiheit und Sicherheit einander auszugleichen, vor den genannten Referenzgebieten zu prüfen und zu erklären. Am Beispiel des Umwelt- und des Telekommunikationsrechts wird gezeigt werden, weshalb und wie die ausgleichende Funktion des Gesetzes in Kauf genommen wurde. Dadurch soll verdeutlicht werden, was man gegen die bisherigen Entwicklungen tun kann.

II. Freiheit und Sicherheit im Rechtsstaat

1. Freiheit in und durch Sicherheit

Nach klassischer Vorstellung ist der Rechtsstaat nicht nur durch seine Aufgabe der Freiheitssicherung,[1] sondern darüber hinaus durch die Schutzfunktion gekennzeichnet, womit der Rechtsstaat in erster Linie zur Bewahrung des „Normalen"[2] bzw. zur Gewährleistung bestehenden Rechtszustandes[3] dienen soll. Bereits die klassische Überzeugung, ohne

---

1 Vgl. dazu nur *Ernst-Wolfgang Böckenförde,* Entstehung und Wandel des Rechtsstaatsbegriffs, in: ders., Recht, Staat, Freiheit, Erweiterte Ausgabe 2006, S. 143 ff., 145 ff.

2 Vgl. dazu z. B. *Peter Lerche,* Übermaß und Verfassungsrecht: Zur Bindung des Gesetzgebers an die Grundsätze der Verhältnismäßigkeit und der Erforderlichkeit (1961), 2. Aufl. 1999, S. 21, 96.

3 Zur Funktion des grundgesetzlichen Rechtsstaates zur Gewährleistung des bestehenden Rechtszustandes vgl. z. B. *Konrad Hesse,* Der Rechtsstaat im Verfassungssystem des Grundgesetzes, in: Ernst Forsthoff (Hrsg.), Rechtsstaatlichkeit und Sozialstaatlichkeit: Aufsätze und Essays, 1968, S. 557 ff., 571 f.; *Ernst Forsthoff,* Begriff und Wesen des sozialen Rechtsstaates, in: Veröffentlichungen der

Sicherheit könne es keine Freiheit geben[4], spricht deutlich dafür, daß die rechtsstaatliche Freiheit sich auf die rechtlich geordnete Freiheit bezieht[5] und insofern die Sicherheit voraussetzt, welche die Aufrechterhaltung einer materiell-inhaltlich vorherbestimmten Ordnung bezweckt[6]. Auf dieser Erkenntnisgrundlage liegt es nahe, daß die freiheitsgewährende Sicherheit sich zuallererst auf die Abwesenheit von Gefahren bezieht, die vom Rechtsstaat zu bekämpfen sind. Gerade in dieser Hinsicht befindet sich die Staatsaufgabe „Sicherheit“ nicht in einem Spannungsverhältnis mit der rechtsstaatlichen Freiheitsgarantie.[7]

Die klassische sicherheitsbedingte Freiheitsidee setzt sich in der grundgesetzlichen Ordnung wohl durch. Die Hinwendung zu einem sozialen und materiellen Rechtsstaat hat nicht nur zur Entfaltung grundrechtlicher Schutzpflichten[8] geführt, sondern eben dadurch die Ausdeh-

---

Vereinigung der Deutschen Staatsrechtslehrer 12 (1954), S. 8 ff., 19; *Bernhard Schlink,* Freiheit durch Eingriffsabwehr – Rekonstruktion der klassischen Grundrechtsfunktion, Europaische Grundrechte-Zeitschrift 1984, S. 457 ff., 462 ff. Die Gewährleistung bestehenden Rechtszustandes hängt mit der klassischen rechtsstaatlichen Zielsetzung zusammen, wonach der Rechtsstaat „Sicherheit von Freiheit und Eigentum“ dienen soll: „[Der (bürgerliche) Rechtsstaat] sichert die Güterverteilung statt sie zu verändern.“ Vgl. dazu *Böckenförde* (FN 1), S. 257.

4 So *Wilhelm von Humboldt,* Ideen zu dem Versuch, die Grenzen der Wirksamkeit des Staates zu bestimmen (1792), in: Albert Leitzmann (Hrsg.), Wilhelm von Humboldts Werke, Erster Band 1785–1795, 1903, Nachdruck 1968, S. 97 ff., 134.

5 Statt vieler *Eberhard Schmidt-Aßmann,* Der Rechtsstaat, in: Josef Isensee/Paul Kirchhof (Hrsg.), Handbuch des Staatsrechts der Bundesrepublik Deutschland, Bd. II, 3. Aufl., 2003, § 26, Rn. 31; *Dirk Heckmann,* Sicherheitsarchitektur im bedrohten Rechtsstaat. Neue Polizeibefugnisse zwischen gestalterischer Freiheit und grundrechtlicher Statik, in: Ulrich Blaschke/Achim Förster/Stephanie Lumpp/Judith Schmidt (Hrsg.), Sicherheit statt Freiheit?, 2005, S. 9 ff., 11.

6 Vgl. *Josef Isensee,* Gemeinwohl im Verfassungsstaat, in: Josef Isensee/Paul Kirchhof (Hrsg.), Handbuch des Staatsrechts der Bundesrepublik Deutschland, Bd. IV, 3. Aufl., 2003, § 71, Rn. 76, 78 ff.; *Christoph Gusy,* Gewährleistung von Freiheit und Sicherheit im Lichte unterschiedlicher Staats- und Verfassungsverständnisse, in: Veröffentlichungen der Vereinigung der Deutschen Staatsrechtslehrer 63 (2004), S. 151 ff., 157; *Hans-Detlef Horn,* Sicherheit und Freiheit durch vorbeugende Verbrechensbekämpfung – Der Rechtsstaat auf der Suche nach dem rechtem Maß, in: Hans-Detlef Horn (Hrsg.), Recht im Pluralismus. Festschrift für Walter Schmitt Glaeser zum 70. Geburtstag, 2003, S. 435 ff., 440 ff.; *Volkmar Götz,* Innere Sicherheit, in: Josef Isensee/Paul Kirchhof (Hrsg.), Handbuch des Staatsrechts der Bundesrepublik Deutschland, Bd. IV, 3. Aufl., 2003, § 85, Rn. 20 ff.; *Heckmann* (FN 5), S. 11.

7 Siehe in diesem Zusammenhang auch die abweichende Meinung der Richterin Haas zum Beschluß des ersten Senats vom 4. April 2006, in: BVerfGE 115, 320 (374): „Das Grundrecht auf Freiheit fordert die Gewährleistung der Sicherheit durch den Staat. Ohne Sicherheit kann die Freiheitsgewährleistung des Grundgesetzes nicht mit Leben erfüllt werden. Sicherheit ist die Grundlage, auf der Freiheit sich erst vollends entfalten kann. Zwischen Freiheit und Sicherheit besteht damit ein untrennbarer Sach- und Sinnzusammenhang.“

8 Dies bezeichnet Josef Isensee als die „Wiederentdeckung“ des Bundesverfassungsgerichts. Vgl. *Josef Isensee,* Das Grundrecht auf Sicherheit. Zu den Schutzpflichten des freiheitlichen Verfassungsstaates, 1983, S. 27 ff.

nung staatlicher Schutzaufgabe auf die umfassende Vorsorge gegenüber denjenigen Gefahren begründet, die entweder die Beständigkeit existierender Rechtszustände bedrohen oder unerwünschten Wechsel herbeiführen könnten. Schon in der Hinsicht, daß die Grundrechte Abwehr- und zugleich Schutzdimensionen haben[9] und daher den Staat zu vielfältigen Schutzmaßnahmen verpflichten, läßt sich die grundgesetzliche Freiheit keineswegs ausschließlich als Freiheit vom Staat, sondern eher überwiegend als Freiheit durch den Staat verstehen,[10] wobei der auf der Bewahrung bestehender Rechtszustände beruhende Sicherheitsgedanke im Mittelpunkt steht. Aus dieser Perspektive zeigt sich, daß die Entwicklung grundrechtlicher Schutzpflichten die rechtsstaatliche Aufgabe, Freiheit in und durch Sicherheit zu gewährleisten, nicht prinzipiell umsetzt, sondern vielmehr tiefgehend verankert.

Die Grundannahme, erst eine möglichst lückenlose Gefahrenbeseitigung bzw. Sicherheitsgewährleistung trage zur umfassenden Freiheitssicherung bei, hat sich nicht nur im traditionellen Ordnungsverwaltungsrecht, sondern auch im Rahmen der heutigen Entwicklungen sowohl im Eingriffs- als auch im Leistungsverwaltungsrecht deutlich widergespiegelt. Zwar kann seit langem nicht verleugnet werden, daß einerseits die rechtsstaatliche Zielbestimmung schon weit über die Aufrechterhaltung des gesellschaftlichen status quo hinausgeht,[11] und daß andererseits die Staatsaufgabe Gefahrenabwehr vielfältig durch die staatliche Risikovorsorge erheblich ergänzt wird.[12] Nicht zu verkennen ist allerdings, daß weder die wachsende Konzentration auf den idealen künftigen Zustand bzw. die soziale Sicherheit bis zur sog. Zukunftssicherheit[13] noch die

---

9 Vgl. in diesem Zusammenhang nur *Christian Calliess,* Gewährleistung von Freiheit und Sicherheit im Lichte unterschiedlicher Staats- und Verfassungsverständnisse, in: Deutsches Verwaltungsblatt 2003, S. 1096 ff., 1101 ff.; *Christian Calliess,* Sicherheit im freiheitlichen Rechtsstaat. Eine verfassungsrechtliche Gratwanderung mit staatstheoretischem Kompass, in: Zeitschrift für Rechtspolitik 2002, S. 1 ff., 5 ff.; *Kyrill-Alexander Schwarz,* Die Dogmatik der Grundrechte – Schutz und Abwehr im freiheitssichernden Staat, in: Ulrich Blaschke/Achim Förster/Stephanie Lumpp/Judith Schmidt (Hrsg.), Sicherheit statt Freiheit?, 2005, S. 29 ff., 32 f.

10 Vgl. dazu näher *Isensee* (FN 8), S. 21 ff.

11 Zu diesem Aspekt des sozialen Rechtsstaates vgl. nur *Forsthoff* (FN 3), S. 19 f.; *Isensee* (FN 6), Rn. 80.

12 Vgl. dazu etwa *Udo Di Fabio,* Risikoentscheidungen im Rechtsstaat: Zum Wandel der Dogmatik im öffentlichen Recht, insbesondere am Beispiel der Arzneimittelüberwachung, 1994, S. 65 ff.; *Arno Scherzberg,* Risikosteuerung durch Verwaltungsrecht: Ermöglichung oder Begrenzung von Innovationen?, in: Veröffentlichungen der Vereinigung der Deutschen Staatsrechtslehrer 63 (2004), S. 214 ff.; *Uwe Volkmann,* Sicherheit und Risiko als Probleme des Rechtsstaats, in: Juristenzeitung 2004, S. 696 ff., 700 ff.; *Ivo Appel,* Staatliche Zukunfts- und Entwicklungsvorsorge: Zum Wandel der Dogmatik des öffentlichen Rechts am Beispiel des Konzepts der nachhaltigen Entwicklung im Umweltrecht, 2005, S. 44 ff.

Hinwendung zum Risikomanagement[14] darauf verzichtet, Freiheit durch Sicherheit zur Geltung zu bringen. Vielmehr halten trotz der Abkehr vom liberalen Rechtsstaat die neueren Entwicklungen, die sich vornehmlich durch die Präventionsorientierung der Staatstätigkeit auszeichnen,[15] überwiegend daran fest, daß der Gewährleistung von Freiheit und Sicherheit die möglichste Beseitigung von Gefahren und Risiken zugrunde liegt. So gesehen richtet sich die Zunahme der Sicherheitsgesetze nicht auf die Sicherheit um jeden Preis. Sondern sie hängt mit der Überzeugung zusammen, daß der Ausgleich von Freiheit und Sicherheit nur durch die umfassenden, ggf. vorverlagerten staatlichen Vorsorgemaßnahmen zu gewinnen ist.

2. Sicherheit durch Rechtssicherheit

Aus dem Vorhergehenden ergibt sich, daß auch und besonders im Rahmen des Grundgesetzes die rechtsstaatliche Aufgabe weder auf die absolute Freiheitssicherung noch auf die vorbehaltlose Sicherheitsgewährleistung reduziert werden darf. Vielmehr bezieht sie sich auf einen verfassungsgemäßen Ausgleich von Freiheit und Sicherheit. Im demokratischen Rechtsstaat trägt diese Ausgleichsverantwortung nach wie vor der Gesetzgeber, der dazu verpflichtet ist, die jeweilige Ordnungsidee durch generell-abstrakte Vorbestimmungen materiell-inhaltlich festzulegen und dadurch die bestehenden Rechtszustände aufrechtzuerhalten, die dem Wirksamwerden eines stabilisierenden und retardierenden Moments gegenüber der Dynamik politischen und sozialen Lebens dienen sollen. An dieser Stelle liegt es nahe, daß Freiheit und Sicherheit erst dann in Einklang stehen, wenn der Gesetzgeber in der Lage ist, nach der jeweiligen vorstrukturierten Ordnungsidee den Regelungsgehalt des Gesetzes möglichst klar und vollständig zu bestimmen und dergestalt die

---

13 Vgl. auch *Calliess,* Gewährleistung von Freiheit und Sicherheit im Lichte unterschiedlicher Staats- und Verfassungsverständnisse (FN 9), S. 1097.

14 Vgl. nur *Arno Scherzberg,* Risiko als Rechtsproblem. Ein neues Paradigma für das technische Sicherheitsrecht, in: Verwaltungsarchiv 84 (1993), S. 484 ff., 499 ff.

15 Zur Tendenz zum sog. „Präventionsstaat" *Helmuth Schulze-Fielitz,* Nach dem 11. September: An den Leistungsgrenzen eines verfassungsstaatlichen Polizeirechts?, in: Hans-Detlef Horn (Hrsg.), Recht im Pluralismus. Festschrift für Walter Schmitt Glaeser zum 70. Geburtstag, 2003, S. 407 ff., 410 ff.; *Calliess,* Gewährleistung von Freiheit und Sicherheit im Lichte unterschiedlicher Staats- und Verfassungsverständnisse (FN 9), S. 1099 f.; *Appel* (FN 12), S. 125; *Friedrich Schoch,* Abschied vom Polizeirecht des liberalen Rechtsstaats? – vom Kreuzberg-Urteil des preussischen Oberverwaltungsgerichts zu den Terrorismusbekämpfungsgesetzen unserer Tage, in: Der Staat 43 (2004), S. 347 ff., 360 ff. Vgl. auch *Dieter Grimm,* Verfassungsrechtliche Anmerkungen zum Thema Prävention, in: ders., Die Zukunft der Verfassung, 1991, S. 197 ff.

Rechtssicherheit[16] in vollem Umfang zu gewährleisten. So gesehen dient das rechtsstaatliche Bestimmtheitsgebot der Verwirklichung einer Balance zwischen Freiheit und Sicherheit, indem vorausgesetzt wird, erst die materiell-inhaltliche Bestimmtheit bzw. Bestimmbarkeit garantiere die stabilisierende und daher freiheitssichernde Funktion des Gesetzes. Diese klassische Voraussetzung führt dazu, daß das Bestimmtheitsgebot trotz der Zunahme von unvorhersehbaren Risiken noch immer zur Rechtssicherheit und daher zur Balance von Freiheit und Sicherheit beiträgt. Mit dem steigenden Bedürfnis nach Sicherheit angesichts der diffusen Risiken muß das Gesetz einerseits die bestehenden Rechtszustände gewährleisten, andererseits auch die potentiellen Risiken präventiv bekämpfen. Beide rechtssicherheitsbezogenen Aufgaben setzen zuallererst die materiell-inhaltliche (Vor)bestimmtheit des Gesetzes voraus, denn nur durch materiell-inhaltlich vorherbestimmte Maßstabbildung wird vorhersehbar, wann und wie die staatlichen präventiven Maßnahmen unternommen werden sollen und dürfen.

Mit Blick auf diese herrschende Auffassung überrascht es nicht, daß die neueren Sicherheitsgesetze, die ggf. als Reaktion auf die Terroranschläge vom 11. September 2001 anzusehen sind,[17] schon aus der Perspektive des Bestimmtheitsgebotes heftig kritisiert worden sind.[18] Erhard Denninger beanstandet etwa, im Präventionsstaat blieben die Konturen staatlicher Maßnahmen unbestimmt, „so unbestimmt und unberechenbar wie die Risiken, deren Verwirklichung sie verhüten sollen."[19] Oliver Lepsius kritisiert ferner: „Die Rechtfertigung moderner Sicherheitsgesetze beruht zu einem erheblichen Teil auf einer unklaren Tatsachengrundlage, auf der Verunsicherung, auf Vermutungen und Angst vor neuen Anschlägen. Prävention und Vorsorge-gedanke sind ihrer Natur nach tatsachenavers, denn sie wollen, daß bestimmte Tatsa-

---

16 Umfassend zu Aspekten der Rechtssicherheit *Andreas von Arnauld*, Rechtssicherheit, 2006, S. 165 ff.; im Zusammenhang mit dem Bestimmtheitsgebot S. 240 ff. Vgl. auch *Andreas von Arnauld*, Rechtsstaat, in: Otto Depenheuer/Christoph Grabenwarter (Hrsg.), Verfassungstheorie, 2010, § 21, Rn. 20 ff.

17 Zur Schwierigkeit einer Balance zwischen Sicherheit und Freiheit unter den Vorzeichen terroristischer Bedrohung vgl. nur *Christian Hillgruber*, Der Staat des Grundgesetzes – nur „bedingt abwehrbereit"? Plädoyer für eine wehrhafte Verfassungsinterpretation, Juristenzeitung 2007, S. 209 ff., 211 ff.; *Josef Isensee*, Leben gegen Leben: Das grundrechtliche Dilemma des Terrorangriffs mit gekapertem Passagierflugzeug, in: Michael Pawlik/Rainer Zaczyk (Hrsg.), Festschrift für Günther Jakobs zum 70. Geburtstag am 26. Juli 2007, 2007, S. 205 ff., 214 ff.; kritisch *Wolfgang Hoffmann-Riem*, Freiheit und Sicherheit im Angesicht terroristischer Anschläge, in: Zeitschrift für Rechtspolitik 2002, S. 497 ff., 499 ff.

18 Vgl. dazu auch BVerfGE 110, 33 (53 ff.); 113, 348 (376 ff.).

19 *Erhard Denninger*, Freiheit durch Sicherheit? Wie viel Schutz der inneren Sicherheit verlangt und verträgt das deutsche Grundgesetz?, in: Kritische Justiz 2002, S. 467 ff., 471.

chen erst gar nicht eintreten. Wer vorsorgen will, muß Gefahren wittern, wo noch keine sind. Deshalb lassen wir bei der Rechtfertigung präventiver Maßnahmen im Bereich des Tatsächlichen Abstriche zu."[20] Daraus folge, daß der Verhältnismäßigkeitsgrundsatz leerlaufen würde: „Eine Zweck-Mittel-Kontrolle läuft zumindest teilweise leer, wenn der Gesetzgeber Generalklauseln verwendet, weil dort das Mittel nicht hinreichend konkret zum Zweck benannt wird oder gar der Zweck im Dunkeln bleibt. Hier geraten Präventionsgesetze in eine priviligierte Position, weil sie mangels vorliegender Tatsachen notgedrungen über offene Tatsachenstrukturen verfügen müssen."[21] Auch diejenigen, die die zunehmende Verwendung semantisch offener bzw. unbestimmter Rechtsbegriffe im Rahmen der Risikovorsorge befürworten, verleugnen nicht, daß die stabilisierende und dergestalt Freiheit und Sicherheit in Einklang bringende Funktion des Gesetzes dessen materiell-inhaltlich hinreichende Bestimmtheit voraussetzen müsse.[22] Daher hat Wolfgang Hoffmann-Riem angesichts der Präventionsorientierung der neueren Entwicklungen im Polizeirecht gewarnt: „Die Verlagerung der Suche in das Vorfeld des Verdachts und damit in das Vor-Vorfeld der Gefahr bedeutet eine Abkehr von der im traditionellen Polizeirecht gefundenen und an den rechtsstaatlichen Konturen des Übermaßverbots verankerten Balance von Sicherheit und Freiheit".[23] All diese kritischen Bemerkungen verdeutlichen, daß sie trotz der Ablehnung eines alle Gefahren bzw. Risiken beseitigenden und dadurch Freiheit preisgebenden Sicherheitsgesetzes stets daran festhalten, Freiheit sei in und durch Sicherheit zu gewährleisten. Sie unterscheiden sich von den kritisierten Sicherheitsgesetzen erst dadurch, daß sie Sicherheit als rechtsstaatliche, substanzorientierte Rechtssicherheit bezeichnen,[24] die einerseits Bestandsschutz, andererseits auch Garantie der Berechenbarkeit umfasst.[25] Gerade auf dieser Grundlage

---

20 *Oliver Lepsius,* Sicherheit und Freiheit – ein zunehmend asymmetrisches Verhältnis, in: Gunnar Folke Schuppert/Wolfgang Merkel/Georg Nolte/Michael Zürn (Hrsg.), Der Rechtsstaat unter Bewährungsdruck, 2010, S. 23 ff., 47.

21 Ebd., S. 33. Zur Kritik aus der Perspektive des Verhältnismäßigkeitsgrundsatzes vgl. auch *Schulze-Fielitz* (FN 15), S. 420 ff., 423 ff.; *Horn* (FN 6), S. 459 ff.

22 Vgl. z.B. *Eberhard Schmidt-Aßmann,* Das allgemeine Verwaltungsrecht als Ordnungsidee: Grundlagen und Aufgaben der verwaltungsrechtlichen Systembildung, 2. Aufl., 2006, S. 81, 192 ff.; *Franz Reimer,* Das Parlamentsgesetz als Steuerungsmittel und Kontrollmaßstab, in: Wolfgang Hoffmann-Riem/Eberhard Schmidt-Aßmann/Andreas Voßkuhle (Hrsg.), Grundlagen des Verwaltungsrechts, Bd. I: Methoden, Maßstäbe, Aufgaben, Organisation, § 9, Rn. 61 ff., 84 ff.

23 *Wolfgang Hoffmann-Riem,* Freiheit und Sicherheit im Angesicht terroristischer Anschläge, in: Zeitschrift für Rechtspolitik 2002, S. 497 ff., 500.

24 Vgl. auch *Schmidt-Aßmann* (FN 5), Rn. 85: „Von der Gesetzgebung verlangt der Gedanke der Rechtssicherheit zum ersten hinreichend präzise Tatbestände."

25 Vgl. dazu etwa *Horn* (FN 6), S. 442 f., 453 f. Zur Entwicklung von der Sicherheit zur Rechtssicherheit vgl. ferner *Arnauld,* Rechtssicherheit (FN 16), S. 76 ff.; *Winfried Brugger,* Gewährleistung von Freiheit und Sicherheit im Lichte unter-

heben sie die materiell-inhaltliche Bestimmtheit des Gesetzes als Voraussetzung sowohl für Freiheit als auch für Sicherheit hervor. Auch das Verhältnismäßigkeitsprinzip zählt zu den rechtsstaatlichen materiell-inhaltlichen Anforderungen an das Gesetz. Neben der semantischen Bestimmtheit muß das Gesetz materiell-inhaltlich dem Grundsatz der Verhältnismäßigkeit entsprechen, damit eine verfassungsgemäße Balance zwischen Freiheit und Sicherheit zu erreichen ist.[26] Insgesamt läßt sich sagen, daß, nach allgemeiner Ansicht, der Ausgleich von Freiheit und Sicherheit überwiegend von der substantiellen Richtigkeit, d.h. Bestimmtheit und Verhältnismäßgkeit des Gesetzes abhängt, die in erster Linie die materiell-inhaltlich möglichst vollständigen Vorbestimmungen durch den Gesetzgeber voraussetzt.

III. Kritik der neueren Entwicklungen unter Ungewißheitsbedingungen

1. Offene Normen unter Ungewißheitsbedingungen im Bereich des Umwelt- und Technikrechts sowie des Telekommunikationsrechts

Während die Substanzorientierung der oben dargelgten Überlegungen zugunsten der Freiheit rechtsstaatlich durchaus berechtigt ist, läßt sie das schwierigste Problem außer acht, nämlich der im Zeitalter der Ungewißheit unvermeidliche Umstand, daß weder die Schadensneigung noch die Schadensursache ex ante völlig erkennbar ist.[27] Soweit die materiell-inhaltlich umfassenden Vorstrukturierungen des Gesetzes das vollstän-

---

schiedlicher Staats- und Verfassungsverständnisse, in: Veröffentlichungen der Vereinigung der Deutschen Staatsrechtslehrer 63 (2004), S. 101 ff., 123.

[26] Zur Bedeutung des Verhältnismäßigkeitsprinzips für den gesetzlichen Ausgleich von Freiheit und Sicherheit *Lepsius* (FN 20), S. 39 ff.; *Grimm* (FN 15), S. 213 ff.; *Josef Isensee,* Der Verfassungsstaat als Friedensgarant, in: Rudolf Mellinghoff/Gerd Morgenthaler/Thomas Puhl (Hrsg.), Die Erneuerung des Verfassungsstaates: Symposion aus Anlass des 60. Geburtstages von Professor Dr. Paul Kirchhof, 2003, S. 7 ff., 31; *Stefan Huster/Karsten Rudolph,* Vom Rechtsstaat zum Präventionsstaat?, in: Stefan Huster/Karsten Rudolph (Hrsg.), Vom Rechtsstaat zum Präventionsstaat, 2008, S. 9 ff., 18 f.; zurückhaltender *Erhard Denninger,* Prävention und Freiheit. Von der Ordnung der Freiheit, in: Huster/Rudolph (Hrsg.), a.a.O., S. 85 ff., 102 ff.

[27] Vgl. schon *Jörn Ipsen,* Die Bewältigung der wissenschaftlichen und technischen Entwicklungen durch das Verwaltungsrecht, in: Veröffentlichungen der Vereinigung der Deutschen Staatsrechtslehrer 48 (1990), S. 177 ff., 189. Vgl. auch *Hans-Heinrich Trute,* Wissenschaft und Technik, in: Josef Isensee/Paul Kirchhof (Hrsg.), Handbuch des Staatsrechts der Bundesrepublik Deutschland, Bd. IV, 3. Aufl., 2006, § 88, Rn. 2 ff.; *Jürgen Salzwedel,* Schutz natürlicher Lebensgrundlagen, in: Josef Isensee/Paul Kirchhof (Hrsg.), Handbuch des Staatsrechts der Bundesrepublik Deutschland, Bd. IV, 3. Aufl., 2006, § 97, Rn. 5, 10 ff.; *Niklas Luhmann,* Grenzwerte der ökologischen Politik. Eine Form von Risikomanagement, in: Petra Hiller/Georg Krücken (Hrsg.), Risiko und Regulierung: Soziologische Beiträge zur Technikkontrolle und präventiven Umweltpolitik, 1997, S. 195 ff., 200 ff. Zum Dilemma im Rahmen des Polizeirechts vgl. ferner *Denninger* (FN 26), S. 98 f., 101 f.

dige Begreifen der geregelten Sachverhalte voraussetzen, stößt der Gesetzgeber bereits dann auf Schwierigkeiten, wenn die Ungewißheit künftiger Entwicklungen eine inhaltsbestimmte Gesetzesformulierung mit semantisch klaren Tatbeständen und Rechtsfolgen erschwert.

Genau aus dieser Perspektive ist es kein Wunder, daß vor allem in denjenigen Bereichen, die stark von technischen und wissenschaftlichen Fortschritten abhängen, die offenen, unbestimmten Rechtsbegriffe häufig gebraucht werden. Sowohl im Umwelt- und Technikrecht[28] als auch im Telekommunikationsrecht[29] steht die Ungewißheitsproblematik im Mittelpunkt, so daß die Gesetzesnormen nicht mehr in der Lage sind, die in herkömmlicher Hinsicht vornehmlich auf den gesellschaftlichen status quo bezogene Sicherheit durch materiell-inhaltlich bestimmte Vorschriften zu gewährleisten und dergestalt die Freiheit vor gesellschaftlichen Wandlungen zu bewahren. Daher werden etwa im Umweltrecht die unbestimmten Rechtsbegriffe wie „Stand von Wissenschaft und Technik“ und „schädliche Umwelteinwirkungen“ vielfach verwendet. Auch im Bereich des Telekommunikationsrechts tauchen die Begriffe wie „funktionsfähiger Wettbewerb“ und „nachhaltig wettbewerbsorientierte Märkte“ immer wieder auf. Hinsichtlich der Tatsache, daß die umwelt- und telekommunikationsrechtlichen Zukunftsentwicklungen schon wegen Dynamik und Ungewißheit der betreffenden Sachverhalte kaum vorhersehbar sind, bestätigt die Verwendung zunehmender unbestimmter Rechtsbegriffe in diesen „Referenzgebieten“ wohl den Befund, daß die materiell-inhaltlichen Bestimmungen des Gesetzes unter Ungewißheitsbedingungen nicht mehr zur Gefahren- bzw. Risikobekämpfung und dadurch zur Sicherheitsgewährleistung beitragen können und wollen, indem bereits schwer einzuschätzen ist, ob und inwiefern die Sicherheit bedrohenden Gefahren oder Risiken vorliegen. Insgesamt läßt sich die gesetzliche Abkehr von der klassischen Inhaltsorientierung im Bereich des Umwelt- und des Telekommunikationsrechts darauf zurückführen, daß genau diesen Bereichen nicht mehr eine inhaltsfeste, sondern vielmehr eine wandlungsorientierte Ordnungsidee zugrunde liegt,[30] wonach die Sicherheit

---

28 Vgl. nur *Di Fabio* (FN 12), S. 65 ff.; *Karl-Heinz Ladeur*, Das Umweltrecht der Wissensgesellschaft: Von der Gefahrenabwehr zum Risikomanagement, 1995, S. 69 ff.; *Appel* (FN 12), S. 47 ff.

29 Vgl. etwa *Hans-Heinrich Trute*, Das Telekommunikationsrecht – Eine Herausforderung für die Verwaltungsgerichte, in: Eberhard Schmidt-Aßmann/Dieter Sellner/Günter Hirsch/Gerd-Heinrich Kemper/Hinrich Lehmann-Grube (Hrsg.), Festgabe 50 Jahre Bundesverwaltungsgericht, 2003, S. 857 ff., 859, 864 ff.

30 Zu dieser Entwicklungstendenz vgl. im allgemeinen *Thomas Vesting*, Subjektive Freiheitsrechte als Elemente von Selbstorganisations- und Selbstregulierungsprozessen in der liberalen Gesellschaft. Dargestellt am Beispiel der Bedeutung der Intellectual Property Rights in der neuen Netzwerkökonomie, in: Wilfried Berg/Stefan Fisch/Walter Schmitt Glaeser/Friedrich Schoch/Helmuth Schulze-Fielitz

weder durch die Aufrechterhaltung des gesellschaftlichen status quo noch durch die Verwirklichung eines inhaltsfesten idealen Zustandes, sondern vielmehr erst unter Voraussetzung der Dynamik und Ungewißheit zukünftiger Entwicklungen zu garantieren ist.[31] Das heißt im Einzelnen: Beim Umweltrecht handelt es sich um nachhaltige Entwicklung, beim Telekommunikationsrecht hingegen um wirksamen Wettbewerb. Beide Zielbestimmungen zeichnen sich durch hohe Dynamik und starke Zukunftsbezogenheit aus, so daß nicht die stabilisierende, sondern vielmehr die wandlungsfordernde Funktion des Rechts bzw. des Gesetzes im Vordergrund steht.

2. Sicherheit unter Unsicherheit?

Während die bezeichneten Eigenschaften der dem Umwelt- und dem Telekommunikationsrecht zugrunde liegenden Ordnungsidee weitgehend anerkannt und sogar mit Nachdruck herausgestellt werden, hält die herrschende Meinung hier stets an der klassischen, „sicherheitsbedingten“ Freiheitsidee fest, wonach das Gesetz durch materiell-inhaltliche Vorstrukturierungen die bestehenden Rechtszustände den unerwünschten Wechselfällen gegenüber zu bewahren hat. Man spricht in diesem Zusammenhang etwa von Risikosicherheit, welche stets mit der Idee einer wirksamen Risikovorsorge zusammenhängt und daher immer wieder auf materiell-inhaltlich möglichst umfassende Regelungen verweist.[32] Hinsichtlich der Entwicklung immer zunehmender „offener“ Normen sowohl im Umwelt- als auch im Telekommunikationsrecht wird also immer wieder aus traditioneller rechtsstaatlicher Perspektive kritisiert, das Gesetz habe im Rahmen zahlreicher unbestimmter Rechtsbegriffe, finaler Rechtsprogramme und breiter Ermächtigungen an Steuerungskraft verloren. Vielfach wird davon ausgegangen, die materiell-inhaltliche Unbe-

---

(Hrsg.), Regulierte Selbstregulierung als Steuerungskonzept des Gewährleistungsstaates. Ergebnisse des Symposiums aus Anlaß des 60. Geburtstages von Wolfgang Hoffmann-Riem, Die Verwaltung Beiheft 4, 2001, S. 17 ff., 34; *Niklas Luhmann*, Die Gesellschaft der Gesellschaft, 1998, S. 997 f.

[31] Genau in dieser Hinsicht unterscheiden sich diese zukunftsbezogenen Regelungsbereiche vom traditionellen Ordnungsverwaltungsrecht. Vgl. dazu auch *Shu-Perng Hwang*, Wirksamer Wettbewerb durch offene Normen: Zum Funktionswandel der unbestimmten Rechtsbegriffe im Telekommunikationsrecht, in: Archiv des öffentlichen Rechts 136, Heft 4/2011.

[32] Vgl. zu dieser Konzeption von Risikosicherheit etwa *Volkmann* (FN 12), S. 702. („Die neue Risikosicherheit legt sich also zunehmend über die alte Rechtssicherheit.“) Vgl. auch *Reiner Schmidt*, Der Staat der Umweltvorsorge, in: Die Öffentliche Verwaltung 1994, S. 749 ff., 751 ff.; *Michael Kloepfer*, Umweltschutzrecht, 2008, S. 46 f. Kritisch *Oliver Lepsius*, Risikosteuerung durch Verwaltungsrecht: Ermöglichung oder Begrenzung von Innovationen?, in: Veröffentlichungen der Vereinigung der Deutschen Staatsrechtslehrer 63 (2004), S. 264 ff., 280 f.

stimmtheit des Gesetzes bedeute dessen inhaltliche Maßstab- und daher Bindungslosigkeit, welche dann zwangsläufig zur Verunsicherung des Bestehenden führen würde.[33] Demzufolge sei die Inhalts- und Steuerungsschwäche des Gesetzes durch die verstärkte Eigenständigkeit der Verwaltung zu kompensieren:[34] Erst dadurch, daß die Verwaltung die maßstabbildende und stabilisierende Funktion des (substanzorientierten) Gesetzes übernehme und insofern an die Stelle des Gesetzes trete, lasse sich die (Rechts-)Sicherheit und daher die Balance zwischen Freiheit und Sicherheit wiedergewinnen.

Das Umwelt- und das Telekommunikationsrecht sind gerade die Referenzgebiete, wo diese neueren Versuche zugunsten der Exekutive die gegenwärtigen Entwicklungen beträchtlich beeinflußt haben. Im Umweltrecht wurde in Reaktion auf die zahlreichen „inhaltsleeren" unbestimmten Rechtsbegriffe[35] seit langem etwa der Begriff der sog. „normkonkretisierenden Verwaltungsvorschrift" entwickelt,[36] die in der Lage sein solle, das konkretisierte Gesetz materiell-inhaltlich zu vervollständigen und sogar ggf. zu ersetzen, um den individuellen Verwaltungsentscheidungen konkrete Maßstäbe zur Verfügung zu stellen. Genau deswegen wird allgemein angenommen, die normkonkretisierende Verwal-

---

33 Zur Diagnose und Kritik der gesunkenen Steuerungskraft des Gesetzes in den zukunftsbezogenen Referenzgebieten vgl. etwa *Schmidt* (FN 32), S. 750 f.; *Claudio Franzius,* Modalitäten und Wirkungsfaktoren der Steuerung durch Recht, in: Wolfgang Hoffmann-Riem/Eberhard Schmidt-Aßmann/Andreas Voßkuhle (Hrsg.), Grundlagen des Verwaltungsrechts, Bd. I: Methoden, Maßstäbe, Aufgaben, Organisation, 2006, § 4, Rn. 2; *Wolfgang Hoffmann-Riem,* Eigenständigkeit der Verwaltung, in: Wolfgang Hoffmann-Riem/Eberhard Schmidt-Aßmann/Andreas Voßkuhle (Hrsg.), ebd., § 10, Rn. 11; *Wolfgang Hoffmann-Riem,* Rechtsformen, Handlungsformen, Bewirkungsformen, in: Wolfgang Hoffmann-Riem/Eberhard Schmidt-Aßmann/Andreas Voßkuhle (Hrsg.), Grundlagen des Verwaltungsrechts, Bd. II: Informationsordnung, Verwaltungsverfahren, Handlungsformen, 2008, § 33, Rn. 47 ff. Vgl. auch *Gunnar Folke Schuppert,* Verwaltungsrecht und Verwaltungsrechtswissenschaft im Wandel. Von Planung über Steuerung zu Governance?, in: Archiv des öffentlichen Rechts 133 (2008), S. 79 ff., 93 f.

34 Die von Wolfgang Hoffmann-Riem und Eberhard Schmidt-Aßmann initiierte systematische Diskussion über die Reform des allgemeinen Verwaltungsrechts läßt sich ideell durchaus auf diesen Grundgedanken zurückführen. Vgl. nur den Überblick bei *Shu-Perng Hwang,* Richtigkeit als Rechtsprinzip? Eine Überlegung zur Reform des allgemeinen Verwaltungsrechts aus rechtsmethodologischer Perspektive, in: Verwaltungsarchiv 101 (2010), S. 180 ff., 189 ff.

35 Zu diesem weitgehend angenommenen Ausgangspunkt *Thomas von Danwitz,* Normkonkretisierende Verwaltungsvorschriften und Gemeinschaftsrecht, Verwaltungsarchiv 84 (1993), S. 73 ff., 93; *Rüdiger Breuer,* Tendenzwende des Rechtsschutzes? Betrachtungen zu den §§ 43 ff. UGB-KomE, in: Schriftenreihe Umwelt- und Technikrecht 1998, S. 161 ff., 172; *Hans Jarass,* Bindungswirkung von Verwaltungsvorschriften, Juristische Schulung 1999, S. 105 ff., 110; *Kloepfer* (FN 32), S. 46, 49.

36 BVerwGE 72, 300 (320). Zur gerichtlichen Anerkennung der Außen- und Bindungswirkung der normkonkretisierenden Verwaltungsvorschriften vgl. neuerdings auch BVerwGE 129, 209 (211).

tungsvorschrift solle unmittelbare Außenwirkung haben und grundsätzlich auch für die Verwaltungsgerichte verbindlich sein.[37] Hier geht es darum, das Substanzproblem des Gesetzes durch die auf Sachverstand beruhende Rechtsetzung der Verwaltung zu bewältigen.[38] Auch im Telekommunikationsrecht wird die Gestaltungsfreiheit bzw. der Beurteilungsspielraum der Exekutive angesichts der Dynamik und Komplexität der zu regelnden Materie einerseits weitgehend anerkannt.[39] Die dogmatische Begriffsentwicklung des sog. „Regulierungsermessens" durch das

---

[37] Zur Diskussion um dieses Dauerthema: *Udo Di Fabio,* Verwaltungsvorschriften als ausgeübte Beurteilungsermächtigung: Plädoyer für eine Neubestimmung der normkonkretisierenden Verwaltungsvorschriften im System der Rechtsquellen, in: Deutsches Verwaltungsblatt 107 (1992), S. 1338 ff.; *Christian Bönker,* Die verfassungs- und europarechtliche Zulässigkeit von Umweltstandards in Verwaltungsvorschriften, in: Deutsches Verwaltungsblatt 107 (1992), S. 804 ff.; *Breuer* (FN 35), S. 174–176; *Jarass* (FN 35), S. 109; *Eckhard Pache,* Tatbestandliche Abwägung und Beurteilungsspielraum: Zur Einheitlichung administrativer Entscheidungsfreiräume und zu deren Konsequenzen im verwaltungsgerichtlichen Verfahren – Versuch einer Modernisierung, 2001, S. 104 ff.; *Johannes Saurer,* Die Funktionen der Rechtsverordnung. Der gesetzgeberische Zuschnitt des Aufgaben- und Leistungsprofils exekutiver Rechtsetzung als Problem des Verfassungsrechts, ausgehend vom Referenzgebiet des Umweltrechts, 2005, S. 338 ff.; *ders.,* Die neueren Theorien zur Normkategorie der Verwaltungsvorschriften, in: Verwaltungsarchiv 97 (2006), S. 249 ff., 256 f. *Hermann Hill,* Normsetzung und andere Formen exekutivischer Selbstprogrammierung, in: Wolfgang Hoffmann-Riem/Eberhard Schmidt-Aßmann/Andreas Voßkuhle (Hrsg.), Grundlagen des Verwaltungsrechts, Bd. II: Informationsordnung, Verwaltungsverfahren, Handlungsformen, 2008, § 34, Rn. 44. *Hartmut Maurer,* Allgemeines Verwaltungsrecht, 17. Aufl., 2009, S. 632. Daß die normkonkretisierende Verwaltungsvorschrift trotz der kritischen Darlegung des EuGH (EuGH, Neue Zeitschrift für Verwaltungsrecht 1991, 866, 868.) bis heute eine bedeutende Rolle für die umweltrechtliche Praxis spielt, steht außer Zweifel. Vgl. dazu *Rüdiger Breuer,* Umweltschutzrecht, in: Eberhard Schmidt-Aßmann/Friedrich Schoch (Hrsg.), Besonderes Verwaltungsrecht, 14. Aufl., 2008, § 5, Rn. 22; *Salzwedel* (FN 27), Rn. 21; *Burkard Wollenschläger,* Wissensgenerierung im Verfahren, 2009, S. 197.

[38] Daher nimmt Hermann Hill an, der normkonkretisierenden Verwaltungsvorschrift komme gerade die Funktion zu, eine „wesentliche Vorabentscheidung" zu treffen und dergestalt die Verwaltungsentscheidung „rechtsstaatlich und grundrechtlich vorhersehbar zu machen". Vgl. dazu *H. Hill,* Normkonkretisierende Verwaltungsvorschriften, in: Neue Zeitschrift für Verwaltungsrecht 1989, S. 401 ff., 407.

[39] Zu diesem Aspekt des Telekommunikationsrechts *Wolfgang Hoffmann-Riem/Martin Eifert,* Regelungskonzepte des Telekommunikationsrechts und der Telekommunikationspolitik: Innovativ und Innovationsgeeignet?, in: Wolfgang Hoffmann-Riem (Hrsg.), Innovation und Telekommunikation. Rechtliche Steuerung von Innovationsprozessen in der Telekommunikation, 2000, S. 9 ff., 19; *Martin Bullinger,* Regulierung als modernes Instrument zur Ordnung liberalisierter Wirtschaftszweige, in: Deutsches Verwaltungsblatt 2003, S. 1355 ff., 1358; *Thorsten Attendorn,* Die Regulierungsbehörde als freier Marktgestalter und Normsetzer? Die Zugangsanordnung nach § 21 TKG im Vergleich zur Festlegungsentscheidung nach § 29 EnWG, 2008, S. 256 ff., 264 ff., 273 ff., 302 ff.; *Martin Eifert,* Regulierungsstrategien, in: Wolfgang Hoffmann-Riem/Eberhard Schmidt-Aßmann/Andreas Voßkuhle (Hrsg.), Grundlagen des Verwaltungsrechts, Bd. I: Methoden, Maßstäbe, Aufgaben, Organisation, 2006, § 19, Rn. 136 ff.; *Klaus Ferdinand Gärditz,* Regulierungsrechtliche Auskunftsanordnungen als Instrument der Wissensgenerierung, in: Deutsches Verwaltungsblatt 2009, S. 69 ff., 69; *Frank Schorkopf,* Re-

Bundesverwaltungsgericht[40] verdeutlicht aber andererseits, daß die (Maßstabs-)Unsicherheit infolge der inhaltlichen Unvollkommenheit des TKG nicht einfach akzeptiert wird. Vielmehr sei die Inhaltsknappheit und -unsicherheit des Gesetzes durch das behördliche Regulierungsermessen, das sich auf die „besondere fachliche Legitimation" der Regulierungsbehörde stützt[41] und insofern ein höheres Maß an (sachlicher) Sicherheit verspricht, zu retten.[42] Hier geht es darum, das Substanzproblem des Gesetzes durch die auf Sachverstand beruhende Rechtsanwendung der Verwaltung zu überwinden.[43]

Bereits am Beispiel der normkonkretisierenden Verwaltungsvorschrift und des Regulierungsermessens zeigt sich, daß die besondere Sachkunde der Verwaltung nicht nur bei der materiell-inhaltlichen Ergänzung unbestimmter Rechtsbegriffe im Mittelpunkt steht, sondern gewissermaßen auch zur Rücknahme verwaltungsgerichtlicher Kontrolldichte führt. Trotz einiger traditionellen Versuche, das rechtsstaatliche Bestimmtheitsgebot auch im Umwelt- und im Telekommunikationsrecht möglichst optimal zur Geltung zu bringen,[44] orientieren sich die neueren Ansätze im

---

gulierung nach den Grundsätzen des Rechtsstaates, in: Juristenzeitung 2008, S. 20 ff., 25.

40 Mit der Überzeugung, im Rahmen des Telekommunikationsrechts diene der unbestimmte Rechtsbegriff nicht mehr zur Verankerung, sondern im Gegenteil zur Lockerung der Gesetzesbindung der Verwaltung, begründet das Bundesverwaltungsgericht die Entwicklungsnotwendigkeit des behördlichen Regulierungsermessens. Schon im Rahmen der Vorschriften über die Auferlegung von Zugangsverpflichtungen stellt das Gericht heraus, daß die Normstruktur des § 21 I TKG es ausschließe, die durch zahlreiche unbestimmte Rechtsbegriffe gesteuerte Abwägung von einer sich etwa daran erst anschließenden Ermessensbetätigung zu trennen und erstere der vollen gerichtlichen Kontrolle zu unterwerfen. „Vielmehr ist die Abwägung ein untrennbarer Bestandteil des Regulierungsermessens selbst, das der Bundesnetzagentur bei zweckentsprechender Auslegung des Gesetzes insoweit eingeräumt ist." Vgl. BVerwGE 130, 39 (48).

41 So BVerwGE 130, 39 (48 f.); 131, 41 (62).

42 Die Annahme des Bundesverwaltungsgerichts, die Regulierungsbehörde verfüge über die Entscheidungsprärogative, erfolgt genau aus der Überzeugung, daß die Regulierungsbehörde in Ausübung ihres (planungsanalogen) Regulierungsermessens „als sachkundige Instanz" die komplexen Entscheidungen treffen könne und müsse. Vgl. in diesem Zusammenhang auch *Pascale Liebschwager*, Gerichtliche Kontrolle administrativer Regulierungsentscheidungen im Telekommunikationsrecht, 2005, S. 238.

43 Vgl. wiederum BVerwGE 130, 39 (48 f.): „Der Senat übersieht ... nicht, daß die Konkretisierung unbestimmter Rechtsbegriffe grundsätzlich Sache der Gerichte ist, die die Rechtsanwendung der Verwaltungsbehörden uneingeschränkt zu überprüfen haben. Doch kann ein gesetzlich vorgegebenes Entscheidungsprogramm wegen hoher Komplexität oder besonderer Dynamik der geregelten Materie so vage und seine Konkretisierung im Nachvollzug der Verwaltungsentscheidung so schwierig sein, daß die gerichtliche Kontrolle an die Funktionsgrenzen der Rechtsprechung stößt."

44 Dies betont etwa *Ipsen* (FN 27), S. 201 (im Zusammenhang mit dem Umweltrecht); *Thorsten Attendorn*, Das Bundesverwaltungsgericht, die Bundesnetzagentur und die Sinnenprüfung – planerische Gestaltungsfreiräume bei der Zugangs-

Zeitalter der Ungewißheit überwiegend daran, die besondere fachliche Legitimation der Exekutive in den Vordergund zu rücken. Dies ist, wie dargelegt, immer wieder auf den klassischen Grundgedanken zurückzuführen, daß rechtliche Sicherheit ihrem Wesen nach materiell-inhaltliche Sicherheit bedeuten müsse. Gerade diese Grundannahme aber gerät in ein Dilemma, welches sich eben aus erheblicher Unsicherheit und Ungewißheit der oben genannten Regelungsbereiche ergibt: Abgesehen davon, daß auch die auf Sachverstand beruhenden, das inhaltsknappe Gesetz ergänzenden Maßstäbe notwendig den technisch-wissenschaftlichen Fortschritten unterliegen und daher immer nur temporär und erst unter bestimmten technisch-wissenschaftlichen Voraussetzungen sicher sind,[45] verkennt die klassische inhaltsorientierte Annahme schon von Anfang an die Wandlungsorientierung der den stark zukunftsbezogenen Rechtsgebieten zugrunde liegenden Ordnungsidee, wonach das Gesetz sich nicht mehr auf die Aufrechterhaltung materiell-inhaltlich vorherbestimmter Rechtszustände konzentrieren kann, sondern vielmehr die materiell-inhaltliche Wandelbarkeit der zu bewahrenden Rechtszustände voraussetzen muß. So gesehen läßt sich die Inhaltsknappheit der im Umwelt- und im Telekommunikationsrecht verwendeten unbestimmten Rechtsbegriffe nicht vorbehaltlos als Sicherheitsbeeinträchtigung beurteilen. Vielmehr weist sie darauf hin, daß unter Ungewißheitsbedingungen selbst die Voraussetzung sowie Maßnahme für die Sicherheitsgewährleistung ex ante nicht vollständig feststellbar ist. Schon dieser Ausgangspunkt macht es klar, daß hier die Sicherheit sich nicht mehr ausschließlich auf die mate-

anordnung nach § 21 TKG?, in: Deutsches Verwaltungsblatt 2008, S. 1408 ff., 1415 ff.; *Klaus Ferdinand Gärditz,* „Regulierungsermessen" und verwaltungsgerichtliche Kontrolle, in: Neue Zeitschrift für Verwaltungsrecht 2009, S. 1005 ff., 1009 f. (im Rahmen des Telekommunikationsrechts).

45 Zu diesem Aspekt derjenigen Regelungsbereiche, die durch starke Ungewißheit gekennzeichnet sind, vgl. z.B. *Trute* (FN 27), Rn. 39; *Trute* (FN 29), S. 859, 864 ff.; *Schorkopf* (FN 39), S. 25 ff.; *Hinnerk Wissmann,* Richterliche Kontrolldichte im öffentlichen Wirtschaftsrecht – Zur Harmonisierung von Regulierungs- und Kartellrechtsordnung, in: Hartmut Bauer/Detlef Czybulka/Wolfgang Kahl/Andreas Voßkuhle (Hrsg.), Wirtschaft im offenen Verfassungsstaat. Festschrift für Reiner Schmidt zum 70. Geburtstag, 2006, S. 627 ff., 630 ff. Daher hängt nach herrschender Auffassung die Bindungsintensität normkonkretisierender Verwaltungsvorschrift durchaus von deren technisch-wissenschaftlichen Aktualität ab. Vgl. dazu nur BVerwGE 107, 338 (341 f.): „Normkonkretisierende Wirkung kann nämlich einer Verwaltungsvorschrift nur dann zukommen, wenn die Exekutive bei ihrem Erlaß höherrangigen Geboten und dem für deren Konkretisierung wesentlichen Erkenntnis- und Erfahrungsstand Rechnung getragen hat. Auch darf die Verwaltungsvorschrift nicht durch Erkenntnisfortschritte in Wissenschaft und Technik überholt sein. Schließlich kann einer Verwaltungsvorschrift nur dann ausnahmsweise normkonkretisierende Wirkung zukommen, wenn dem Erlaß ein umfangreiches Beteiligungsverfahren vorangeht, dessen Zweck es ist, vorhandene Erfahrungen und den Stand der wissenschaftlichen Erkenntnis auszuschöpfen. Nur dann verkörpert sie nämlich in hohem Maße wissenschaftlich-technischen Sachverstand."

riell-inhaltliche Sicherheit bezieht. Tritt die besondere Sachkunde der Verwaltung an die Stelle des Gesetzes, so liegt nicht nur das Bedenken nahe, daß die Verwaltung sich nicht bloß von der Gesetzesbindung, sondern auch gegenüber der Gerichtskontrolle beträchtlich verselbständigen würde.[46] Zu befürchten ist ferner, daß dadurch die behördliche Konkretisierung die konkretisierte Gesetzesordnung verzerren würde, indem diese die materiell-inhaltliche Sicherheit von den stetigen technisch-wissenschaftlichen, wirtschaftlichen und gesellschaftlichen Wandlungen abhängig macht, während jene genau gegen die genannten Wandlungen und besonders gegen die daraus entstehende Unsicherheit kämpfen will. Die sowohl im Umwelt- als auch im Telekommunikationsrecht verbreitete Annahme, selbst der behördliche Sachverstand könne zur Risikobewältigung und Sicherheitsverankerung beitragen, steht gerade den wandlungsorientierten Gesetzen entgegen, wonach die Regelungsziele entweder einer nachhaltigen Umweltentwicklung oder eines wirksamen Wettbewerbs erst im Rahmen einer dynamisierten und relativierten Sicherheitsidee zu erreichen sind.[47]

3. Sicherheit statt Freiheit?

Die materiell-inhaltlichen Versuche, Sicherheit unter Unsicherheit zu garantieren, laufen nicht lediglich Gefahr, den von den jeweiligen zukunftsbezogenen Gesetzen vorausgesetzten inhaltsoffenen Sicherheitsbegriff zu mißverstehen. Genau die weit verbreitete Überzeugung, die materiell-inhaltlich unbestimmten Gesetze würden die Sicherheit beeinträchtigen und müßten daher durch Konkretisierung und Standardisierung der Verwaltung kompensiert werden, übersieht, daß vor allem unter erheblichen Ungewißheitsbedingungen die Freiheit sich nicht mehr durch die Sicherheit bestimmen und gewährleisten läßt, da selbst die klassische inhaltsbezogene Sicherheitsgewährleistung immer wieder auf Grenzen stoßen müßte. Vor dem Hintergrund, daß die ungewißheitsbedingte Sicherheit sich weit über die substanzorientierte Rechtssicherheit hinausreicht, sind Freiheit und Sicherheit weder durch gesetzliche materiell-inhaltliche Vorbestimmungen noch durch behördliche materiell-inhaltliche Vervollständigungen in Einklang zu bringen. Wie oben dargelegt, läßt sich trotz den festgestellten Ordnungszielen wie nachhaltiger Umweltentwicklung und wirksamem Wettbewerb unter Ungewißheit

---

46 Dazu kritisch auch *Grimm* (FN 15), S. 199.

47 Vgl. in diesem Zusammenhang auch *Trute* (FN 27), Rn. 40: „Zugleich aber kann keine noch so vollendete Wissensinfrastruktur das grundlegende Problem der Ungewißheit nicht auflösen. Rechtliche Regulierung kann daher im Ausgangspunkt nicht auf Sicherheit setzen, sondern muß Verfahren institutionalisieren, die ihrerseits ermöglichen, auf die Veränderung der Wissensgrundlagen zu reagieren."

kaum völlig vorherbestimmen, unter welchen Bedingungen und auf welche Weise diese Ziele zu erreichen sind.[48] Demzufolge würden die Versuche, nachhaltige Entwicklung im Umweltrecht oder wirksamen Wettbewerb im Telekomunikationsrecht durch materiell-inhaltlich fest umrissene Maßnahme im Rahmen behördlicher Konkretisierung zu ermöglichen,[49] der Wandlungsorientierung der diesen Regelungsbereichen zugrunde liegenden Ordnungsideen[50] deshalb zuwiderlaufen, weil sie stets an der klassischen sicherheitsbedingten Freiheitsidee festhalten und insofern vernachlässigen, daß hier die Freiheitssicherung sich nicht nur auf die bestehenden, sondern darüber hinaus auf die künftigen Rechtszustände richtet.[51] Mit anderen Worten wird beim substanzorientierten Ausgleich von Freiheit und Sicherheit übersehen, daß gerade unter Ungewißheitsbedingungen die Freiheitssicherung sich nicht mehr auf die Aufrechterhaltung einer inhaltsbestimmten Ordnungsidee beschrän-

---

48 So *Trute* (FN 27), Rn. 39. („Voraussetzung sind ... die Berücksichtigung, ... daß das Entscheiden unter Ungewißheit als vorläufig gedacht, also temporalisiert werden muß.") Auch im Rahmen des Regulierungsrechts macht Lepsius darauf aufmerksam, daß dem Regulierungsrecht nicht einseitig der Effizienzgedanke zugrunde liegt: „Regulierungsrecht basiert daher nicht auf einer Idee, daß sich ein gutes Leben allein durch freie Märkte verwirklichen ließe oder daß der Maßstab einer Gesellschaft die Effizienz ihrer Institutionen sein müsse." *Oliver Lepsius,* Ziele der Regulierung, in: Michael Fehling/Matthias Ruffert (Hrsg.), Regulierungsrecht, 2010, § 19, Rn. 56. Zur materiell-inhaltlichen Beweglichkeit des Wettbewerbsbegriffs vgl. ferner *ders.,* Über Märkte, Wettbewerb und Gemeinwohl – Plädoyer für einen Paradigmenwechsel, in: Adolf-Arndt-Kreis (Hrsg.), Staat in der Krise – Krise des Staates? Die Wiederentdeckung des Staates, 2010, S. 25 ff., 35.

49 Die Beispiele sowohl der normkonkretisierenden Verwaltungsvorschrift als auch des Regulierungsermessens zeigen, daß die Absenkung gerichtlicher Kontrolle nicht selten dazu führt, einen Raum für behördliche starke Interventionen zu eröffnen, die immer wieder als Erfüllung behördlicher Konkretisierungsaufgabe verstanden werden. Dabei wird allerdings übersehen, daß die materiell-inhaltliche Unbestimmtheit des Gesetzes nicht immer für dessen materiell-inhaltliche Konkretisierungsnotwendigkeit spricht.

50 Vgl. an dieser Stelle auch *Rainer Wahl/Ivo Appel,* Prävention und Vorsorge. Von der Staatsaufgabe zur rechtlichen Ausgestaltung, in: Rainer Wahl (Hrsg.), Prävention und Vorsorge, 1995, S. 1 ff., 6. („Je weiter die Zukunftsperspektive reicht, umso stärker wächst die Wahrnehmung, daß unbeabsichtigte Folgen die Zustände bestimmen können.")

51 Vgl. in diesem Zusammenhang auch *Oliver Lepsius,* Verfassungsrechtlicher Rahmen der Regulierung, in: Michael Fehling/Matthias Ruffert (Hrsg.), Regulierungsrecht, 2010, § 4, Rn. 87: „Um politische Wertentscheidungen, welche Regelungsbelange vorrangig verfolgt werden sollen, kommt man nicht herum. Es kann im Regulierungsrecht daher nicht um einen gerechten, milden, effizienten, sachgesetzlich richtigen oder gar neutralen Ausgleich der verschiedenen Interessen gehen. Ein solcher Ausgleich könnte sich auf der Ebene des Verfassungsrechts nur inhaltlich vorstrukturieren lassen, wenn eine begrenzte Zahl jeweils klar zuordnungsfähiger Verfassungsrechtspositionen (etwa drei-polige Grundrechtsverhältnisse) vorläge. Im Regulierungsrecht ist dieses aber gerade nicht der Fall. Hinzu tritt eine erhebliche Dynamik des Rechtsgebiets, in dem sich aufgrund sozialen und ökonomischen Wandels die Interessen und Regelungsziele ständig verändern und nicht als prinzipiell statische Interessen verfassungsrechtlich typisiert oder im Sinne ökonomischer Interessen vereinseitigt werden können."

ken kann und daher nicht ausschließlich im Rahmen bestehender Rechtszustände materiell-inhaltlich zu verankern ist. Vielmehr müßten sich die Freiheitsrechte in diesem Zusammenhang auch als die zukunftsbezogenen Entscheidungsrechte darstellen. Das heißt, die Freiheitsrechte müßten den Aspekt der Entscheidungsrechte über die (temporäre) Inhaltsbestimmung der jeweiligen Ordnungsidee beinhalten,[52] damit die angesichts der Ungewißheitsproblematik divergierenden Belange sich umfassend widerspiegeln und zukunftsorientiert gewährleisten lassen.

Dem Vorhergehenden läßt sich entnehmen, daß besonders unter Ungewißheit die Freiheit der Sicherheit zugrunde liegt. Sie entscheidet und ggf. auch verändert, was Sicherheit bedeutet und was gegenüber Unsicherheit behandelt werden soll. So gesehen verdeutlicht sich, was unter Offenheit und Unbestimmtheit jeweiligen Gesetze im Umwelt- sowie im Telekommunikationsrecht zu verstehen ist: Nach einer inhaltsoffenen und wandlungsorientierten Ordnungsidee dienen sowohl die unbestimmten Rechtsbegriffe als auch die breiten Ermächtigungen dazu, allen betreffenden Interessen die Entscheidungsmöglichkeit zur Verfügung zu stellen und dergestalt die Freiheit möglichst vieler Menschen zu sichern.[53] Daher wollen sie die individuellen Verwaltungsentscheidungen nicht mehr an eine materiell-inhaltlich vorausbestimmte Antwort, sondern vielmehr an den Ermächtigungszweck jeweiligen Gesetzes binden, wonach in erster Linie nicht die stabilisierende, sondern die dynamisierende Funktion der Rechtsordnung hervorgehoben wird. Demzufolge ermächtigt das inhaltsoffene Gesetz die Verwaltung weder zur beliebigen Entscheidung noch zur materiell-inhaltlichen Vervollständigung. Es verpflichtet die Verwaltung vielmehr dazu, entsprechend den jeweiligen Ermächtigungszwecken individueller Gesetze die divergierenden Belange möglichst umfassend zu berücksichtigen und dergestalt rechtzeitig auf

---

52 Zu diesem Aspekt der Freiheitsidee vgl. auch *Vesting* (FN 30), S. 38: „In einer netzwerktheoretischen Perspektive ... besteht die weitaus wichtigere Funktion liberaler Freiheitsrechte darin, die *produktive* Koordination und Kooperation von verteilten Entscheidungsrechten in einer azentrischen Gesellschaft zu ermöglichen und zu fördern. Gerade weil in der modernen Gesellschaft alles Stabile auf der dynamischen Stabilität artifizieller Beziehungsnetzwerke beruht, kann kollektive Ordnung nur noch unbeabsichtigt, als Effekt einer stets provisorischen, vorübergehenden transsubjektiven Verknüpfung subjektiver Rechte generiert werden. Grundrechte haben die Funktion, die temporäre Haltbarkeit dieser kollektiven Anschlußfähigkeit von subjektiven Entscheidungsrechten im Prozeß der beständigen Selbstmodifikation der liberalen Gesellschaft zu erhalten, d.h. einer Gesellschaft, die sich nur noch an den Regeln und Regelmäßigkeiten ihrer eigenen Praxis orientieren kann.“ (Hervorhebung im Original)

53 Vgl. in diesem Zusammenhang auch *Shu-Perng Hwang*, Grundrechtsoptimierung durch (Kelsensche) Rahmenordnung: Zugleich ein Beitrag zur grundrechtsoptimierenden Funktion der unbestimmten Rechtsbegriffe am Beispiel „Stand von Wissenschaft und Technik“, in: Der Staat 49 (2010), S. 456 ff., 472 ff.

die dynamischen technisch-wissenschaftlichen Entwicklungen zu reagieren.

Gerade aus dieser Perspektive führt der oben dargelegte substanzorientierte Ansatz nicht nur zur Mißdeutung des Sicherheitsbegriffs, sondern ferner zur Verkürzung der Freiheitsgewährleistung im Rahmen der Umwelt- und der Telekommunikationsgesetze, indem auch dort die Freiheit kaum im Rahmen von verteilten Entscheidungsrechten, sondern überwiegend als nach einer inhaltlich vorherbestimmten Ordnungsidee schutzwürdige Belange in Betracht kommt. In dieser Hinsicht kann die Annahme, im Hinblick auf die Lockerung gesetzlicher Regelung auf der einen Seite und die Verdichtung behördlicher Ausgestaltung auf der anderen Seite solle sich die verwaltungsgerichtliche Überprüfung auf eine allgemeine rechtsstaatliche Kontrolle beschränken,[54] nicht überzeugen. Sie verkennt zuallererst, daß die zahlreiche unbestimmte Rechtsbegriffe sowie finale Programme enthaltenden Gesetze die verselbständigte Verwaltung nicht einfach begründen, sondern häufig umgekehrt an die von ihnen bestimmten zukunftsbezogenen Ermächtigungszwecke binden, die darauf verweisen, welche der divergierenden Belange bzw. welche Entscheidungsrechte mit einbezogen werden müßten. Diese aus den jeweiligen Ermächtigungszwecken erfolgenden Anforderungen lassen sich nicht auf rechtsstaatlich allgemeingültige Richtlinien reduzieren. Überspitzt läßt sich sagen, daß die materiell-inhaltliche Unbestimmtheit des Gesetzes gerade zur Freiheitssicherung dient, indem sie die Verwaltung zur ermächtigungskonformen Interessenabwägung verpflichtet. So gesehen sprechen weder die umweltrechtlichen Begriffe wie „Stand von Wissenschaft und Technik“ und „schädliche Umwelteinwirkungen“ noch der telekommunikationsrechtliche Terminus wie „chancengleicher und funktionsfähiger Wettbewerb“ vorbehaltlos für die Rücknahme gerichtlicher Kontrolldichte. Vielmehr weisen sie darauf hin, daß ihre Inhaltsbestim-

---

[54] Zur beschränkten gerichtlichen Überprüfung nach rechtsstaatlich allgemeingültigen Maßstäben vgl. nur BVerwGE 72, 300 (321): „Für den vorliegenden Fall genügt die Bemerkung, daß die Allgemeine Berechnungsgrundlage von den Verwaltungsgerichten nur daraufhin zu überprüfen ist, ob sie auf willkürfreien Ermittlungen beruht und die Genehmigungsbehörden in Anwendung dieser Berechnungsgrundlage davon ausgehen dürften, daß die auf eine solche Weise berechnete Strahlenexposition unbeschadet bestehender Unsicherheiten bei einzelnen Parametern zu hinreichend konservativen Abschätzungen führt.“ (bei der normkonkretisierenden Verwaltungsvorschrift); BVerwGE 131, 41 (64): „Das Regulierungsermessen wird fehlerhaft ausgeübt, wenn eine Abwägung überhaupt nicht stattgefunden hat – Abwägungsausfall –, in die Abwägung nicht an Belangen eingestellt worden ist, was nach Lage der Dinge in sie eingestellt werden mußte – Abwägungsdefizit –, die Bedeutung der betroffenen Belange verkannt worden ist – Abwägungsfehleinschätzung – oder der Ausgleich zwischen ihnen in einer Weise vorgenommen worden ist, der zur objektiven Gewichtigkeit einzelner Belange außer Verhältnis steht – Abwägungsdisproportionalität –.“ (beim Regulierungsermessen)

mung sich unter Ungewißheit und Dynamik der geregelten Sachverhalte nicht schon aus dem behördlichen Sachverstand, sondern erst aus den immer wieder erneuten Auseinandersetzungen verteilter Entscheidungsrechte ergibt. Daher ist etwa nach dem Bundesimmissionsschutzgesetz die Frage, welche Anlage schädliche Umwelteinwirkungen verursachen würde, nicht einseitig mit einem überwiegend an der Bewahrung bestehender Rechtszustände orientierten Verständnis des Vorsorgeprinzips,[55] sondern erst unter dynamischer Berücksichtigung aller ins Spiel kommenden Interessen (§ 1 I BImSchG) zu beantworten.[56] Auch die gesetzliche Auferlegung von Zugangsverpflichtungen im Rahmen des TKG setzt die Notwendigkeit einer umfassenden Interessenabwägung (§ 21 I TKG) voraus, wobei vor allem die Belange der Betreiber öffentlicher Telekommunikationsmärkte, die über beträchtliche Marktmacht verfügen, nicht im Wege der Liberalisierung der Telekommunikation gar ausgeschlossen werden dürfen.[57] Bereits diese Beispiele machen klar, daß das Gericht die Verwaltungsentscheidung zwar nicht am Maßstab des Regelungsgehaltes, wohl aber nach Maßgabe des Ermächtigungsgehaltes jeweiligen Gesetzes nachzuprüfen hat.[58] Reduziert sich die gerichtliche Kontrollfunktion auf die Prüfung am Maßstab der rechtsstaatlich allgemeingültigen Grundsätze, so würden nicht nur die inhaltlich unbestimmten Gesetze an Bindungskraft verlieren. Zu bedenken ist ferner, daß auch dadurch der gesetzliche Versuch, Sicherheit durch Freiheit zu bestimmen

---

55 Zu diesem Verständnis des Vorsorgeprinzips vgl. nur den Überblick bei *Eckard Rehbinder*, Ziele, Grundsätze, Strategien und Instrumente des Umweltschutzes, in: Klaus Hansmann/Dieter Sellner (Hrsg.), Grundzüge des Umweltrechts, 3. Aufl., 2007, S. 123 ff., 135 ff.

56 An dieser Stelle also zeigt sich, daß eine nachhaltige Umweltentwicklung sich auf die Berücksichtigung mehrerer Faktoren und daher auf Kompromissen zwischen ökonomischen, sozialen und ökologischen Zielen stützen muß, die keineswegs einseitig als Konkretisierung des Vorsorgeprinzips verstanden werden dürfen. Auch in diesem Punkt verdeutlicht sich der Unterschied zwischen Vorsorge- und Nachhaltigkeitsprinzip. Vgl. dazu *Wolfgang Kahl*, Der Nachhaltigkeitsgrundsatz im System der Prinzipien des Umweltrechts, in: Hartmut Bauer/Detlef Czybulka/Wolfgang Kahl/Andreas Voßkuhle (Hrsg.), Umwelt, Wirtschaft und Recht. Wissenschaftliches Symposium aus Anlaß des 65. Geburtstages von Reiner Schmidt, 16./17. November 2001, 2002, S. 111 ff., 138: „Während das Vorsorgeprinzip aber *präventiv* wirkt, indem es vorbeugen und das Entstehen von Umweltbelastungen unterhalb der Gefahrenschwelle vermeiden möchte, wirkt das Nachhaltigkeitsprinzip *prospektiv* und richtet den Umweltschutz auf die Zukunft aus im Sinne einer langfristigen-dauerhaften Ressourcensicherung.“ (Hervorhebung im Original)

57 Vgl. dazu auch *Attendorn* (FN 39), S. 180 ff., 218 ff.; *Gärditz* (FN 44), S. 1009 f.

58 Vgl. dazu näher *Shu-Perng Hwang*, Normkonkretisierende Verwaltungsvorschriften im Umweltrecht – Normkonkretisierung als Normersetzung?, in: Kritische Vierteljahresschrift für Gesetzgebung und Rechtswissenschaft 94 (2011), S. 97 ff., 109 ff.; *Hwang* (FN 31).

und zu gewährleisten, nicht mehr mit Hilfe der gerichtlichen Kontrollfunktion realisiert werden könnte.

Insgesamt hängt die Rücknahme gerichtlicher Kontrolldichte gegenüber dem behördlichen Beurteilungsspielraum bei der umweltrechtlichen Risikovorsorge und dem telekommunikationsrechtlichen Regulierungsermessens mit der Überzeugung zusammen, erst die auf Sachkunde beruhende Eigenständigkeit der Verwaltung ermögliche die Verwirklichung von technischer Sicherheit. Dabei wird indes vernachlässigt, daß gerade die begrenzte Gerichtskontrolle sich zu Lasten der Freiheit bzw. der verteilten Entscheidungsrechte auswirken würde, die nach den gesetzlichen Ermächtigungen durch die offenen, unbestimmten Gesetzesnormen an der Sicherheitsbestimmung teilnehmen sollen. Denn: Indem die behördliche Eigenständigkeit auch im Rahmen der Verwaltungsgerichtsbarkeit in den Vordergrund tritt, vermag weder das Gesetz noch das Gericht eine im Namen der Sicherheit stark intervenierende Verwaltung zu verhindern, welche ohne hinreichende Rücksicht auf die Vielfältigkeit divergierender Belange unter Ungewißheitsbedingungen nicht selten dazu neigt, dem freiheitssichernden Gesetz zuwiderzulaufen.

IV. Die Ermächtigungsorientierung des Gesetzes zur erneuten Freiheits- und Sicherheitsbestimmung

1. Gesetzesbindung durch Gesetzesermächtigung

Die vorstehenden Ausführungen haben verdeutlicht, daß die Hinwendung von der Inhalts- zur Ermächtigungsorientierung des Gesetzes weder den prinzipiellen Verzicht auf das Bestimmtheitsgebot noch den Sicherheits- und daher Freiheitsverlust bedeutet. Sie weist vielmehr darauf hin, daß unter Ungewißheitsbedingungen sowohl Freiheit als auch Sicherheit erst dadurch zu verwirklichen sind, daß die gesetzlichen Ermächtigungen, die keine materiell-inhaltlich fest umrissene Maßnahme zur Erreichung von Zielen wie „nachhaltigen Umweltentwicklungen" und „wirksamem Wettbewerb" enthalten, die zuständige Behörde dazu verpflichten, alle nach den jeweiligen Ermächtigungszwecken bedeutenden Belange bzw. Entscheidungsrechte zur Sicherheitsbestimmung zu berücksichtigen. Vor allem dadurch, daß unterschiedliche Gesetzesermächtigungen unterschiedliche Abwägungsaufträge enthalten, die verschiedenartige Interessenlagen bzw. Entscheidungsrechte mit einbeziehen, spricht deutlich gegen die weit verbreitete Meinung, inhaltsoffene Gesetzesnormen seien inhaltsleer und steuerungsunfähig. Die Ermächtigungsorientierung des jeweiligen Gesetzes ersetzt unter Ungewißheitsbedingungen die herkömmliche substantielle durch eine institutionelle Gesetzeskonturierung, deren materiell-inhaltliche Offenheit zur Freiheitssicherung dienen und gerade insofern eine Bindungskraft für das Verwaltungshandeln entfalten soll.

So gesehen darf das Streben nach dem Gemeinwohl im Umwelt- und im Telekommunikationsrecht[59] nicht dahin mißverstanden werden, daß schon der Gemeinwohlaspekt dieser Referenzgebiete die intensive Staatsintervention durch die eigenständige Verwaltung rechtfertigen müßte.[60] Vielmehr liegt der Gemeinwohlorientierung der Regelungsziele wie der nachhaltigen Umweltentwicklung und des wirksamen Wettbewerbs die unter Ungewißheitsbedingungen verstärkte Vielfältigkeit der betreffenden Interessen zugrunde,[61] so daß durch die materiell-inhaltlich offenen Gesetzesnormen bzw. -ermächtigungen der zuständigen Behörde nicht einfach die substantielle Entscheidung über dic Gemeinwohlbestimmung überlassen wird. Die ungewißheitsbedingte Frage, inwiefern und auf welche Weise das Gemeinwohl zu fördern ist, läßt sich nach den zahlreichen Gesetzesermächtigungen oftmals erst durch die Interessenausgleichung derjenigen Belange, die im Rahmen des Ermächtigungsgehaltes jeweiligen Gesetzes in Betracht kommen, beantworten.[62] Insoweit verweist das Gemeinwohl nicht auf die im Rahmen eines Beurteilungsspielraums beliebige Konkretisierungsentscheidung der zuständigen Behörde, sondern vielmehr auf die Gewährleistung der Möglichkeit stetiger Auseinandersetzung zwischen den divergierenden Entscheidungsrechten.

---

59 Zur Gemeinwohlorientierung des Umweltschutzes *Isensee* (FN 6), Rn. 81 f.; in bezug auf das Regulierungsrecht *Lepsius* (FN 48), Rn. 44 ff.; *Lepsius* (FN 51), Rn. 2 ff. Zur Gemeinwohlsuche in diesen Bereichen vgl. auch *Karl-Heinz Ladeur,* Die Prozeduralisierung der Bestimmung des Gemeinwohls. Zur Anpassung der liberalen Unterscheidung zwischen privaten und öffentlichen Interessen an die Bedingungen der postmodernen Gesellschaft, in: Winfried Brugger/Stephan Kirste/Michael Anderheiden (Hrsg.), Gemeinwohl in Deutschland, Europa und der Welt, 2002, S. 257 ff., 283 f.

60 Zur Inhaltsoffenheit des Gemeinwohlbegriffs vgl. auch *Isensee* (FN 6), Rn. 47: „Das Gemeinwohl erscheint nun nicht mehr als Objekt interpretatorischer Erkenntnis, sondern als Objekt politischer Entscheidung. ... Das Gesamtziel des Staates ist nicht mehr, wie in der vormodernen Vorstellung, vorgegeben, sondern aufgegeben, damit offen zur Geschichte, zu Vielfalt und Wechsel der politischen Herausforderung, offen zur Freiheit des politisch Handelnden."; *Herfried Münkler,* Gemeinwohl als Aufgabe von Politik und als Reflexionsbegriff der Wissenschaft, in: Horst Dreier/Dietmar Willoweit (Hrsg.), Wissenschaft und Politik, 2010, S. 245 ff., 248: „Offenbar handelt es sich beim Gemeinwohlbegriff um eine Metakategorie, deren Flexibilität und Offenheit dazu dient, die Einseitigkeiten und Vorfestlegungen aller präziseren Projektionen gesellschaftlichen Nutzens und Fortschritts auszugleichen."

61 Vgl. z.B. *Ladeur* (FN 59), S. 283 f.; *Lepsius* (FN 51), Rn. 87.

62 Zur Entsubstantialisierung und Prozeduralisierung des Gemeinwohls zugunsten der Freiheitsverwirklichung vgl. auch *Isensee* (FN 6), Rn. 92 ff., 114 f., 155 ff.; *Ladeur* (FN 59), S. 281 ff.; *Gregor Kirchhof,* Gemeinwohl durch Wettbewerb? Die 69. Tagung der Vereinigung der Deutschen Staatsrechtslehrer 2009 in Graz vom 7.10. bis 10.10.2009, in: Archiv des öffentlichen Rechts 135 (2010), S. 289 ff., 290.

2. Ermächtigung als Kontrollmaßstab

In dem Maße, in dem die Gesetzesbindung sich nicht mehr durch substantielle, sondern überwiegend durch institutionelle bzw. ermächtigungsorientierte Regelungen darstellt, müßte die gerichtliche Kontrolle des Verwaltungshandelns auch überwiegend auf die substantielle Überprüfung verzichten. Wie dargelegt, bedeutet dies freilich nicht die Rücknahme gerichtlicher Kontrollfunktion. Im Gegenteil. Davon ausgehend, daß die materiell-inhaltlich offenen Gesetzesnormen und -ermächtigungen die Interessenverschiedenheit voraussetzen und insofern die Sicherheitsgewährleistung von der Freiheitssicherung bzw. von der umfassenden Berücksichtigung divergierender Entscheidungsrechte abhängig machen, ist die gerichtliche Kontrollaufgabe darauf auszurichten, daß keine der nach dem Ermächtigungsgehalt des jeweiligen Gesetzes in Betracht kommenden Entscheidungsrechte im Rahmen der Verwaltungsentscheidung vernachlässigt werden dürften.

Genau in dieser Hinsicht steht bei der gerichtlichen Überprüfung die Ermittlung des gesetzlichen Ermächtigungsgehaltes durchaus im Mittelpunkt. Demzufolge ist das Gericht etwa beim unbestimmten Rechtsbegriff weder dazu berufen, dessen Regelungsgehalt semantisch bzw. materiell-inhaltlich festzustellen, noch dazu, im Namen des offenen Gesetzes der Behörde einen breiten Beurteilungsspielraum einzuräumen. Diese beiden Ansätze würden die institutionelle, bindende Bedeutung des unbestimmten Rechtsbegriffs verzerren, indem übersehen wird, daß unter Ungewißheitsbedingungen dem materiell-inhaltlich unbestimmten Rechtsbegriff eben keine materiell-inhaltlich fest umrissene Ordnungsidee, sondern ein auf der Freiheit divergierender Belange beruhender Ordnungsgedanke zugrunde liegt. Soweit im Rahmen dieser ungewißheitsbedingten unbestimmten Rechtsbegriffe nicht mehr die materiell-inhaltliche (Rechts-)sicherheit die Freiheit garantiert, sondern die Freiheit verschiedener Menschen bestimmt, was Sicherheit bedeutet und welche Unsicherheit in Kauf zu nehmen ist, zeichnet sich der unbestimmte Rechtsbegriff vornehmlich dadurch aus, daß seine Offenheit und Unbestimmtheit gerade zur möglichst umfassenden Freiheitssicherung dient. Daher hat das Gericht zwar nicht den substantiellen Regelungsgehalt, wohl aber den institutionellen Ermächtigungsgehalt des jeweiligen Gesetzes zu ermitteln, damit sich erst verdeutlichen läßt, welche Belange die ermächtigte Behörde nach der individuellen Gesetzesermächtigung zu berücksichtigen hat, um ihre Aufgabe ermächtigungsgemäß zu erfüllen. Erst dadurch, daß der (individuell festzustellende) Ermächtigungsgehalt des jeweiligen Gesetzes als Kontrollmaßstab fungiert, ist das Gericht in der Lage, auch und gerade unter Ungewißheit die Gesetzesbindung der Verwaltung durchzusetzen und dergestalt die individuelle Freiheit gegenüber der besonderen Sachkunde der Verwaltung zu sichern.

Der Ermächtigungsgehalt des Gesetzes stellt dem Gericht nicht nur den Kontrollmaßstab für die Nachprüfung einzelnen Verwaltungshandelns zur Verfügung. Er weist ferner darauf hin, welche Belange das genannte Gemeinwohl im Rahmen des jeweiligen Gesetzes bzw. der individuellen Vorschrift umfasst und wie es zur Geltung zu bringen ist. Demzufolge läßt sich die Gemeinwohlorientierung sowohl des Umwelt- als auch des Telekommunikationsrechts erst vom Gericht garantieren. Dies bedeutet nicht, daß das Gericht anstelle der zuständigen Behörde zur substantiellen Gemeinwohlbestimmung befugt wäre. Die hier vertretene These macht vielmehr darauf aufmerksam, daß unter Ungewißheit die Gemeinwohlbestimmung aus der ständigen Interessenauseinandersetzung erfolgen müßte, so daß das Gericht insbesondere zu überprüfen hat, ob im Rahmen der Verwaltungsentscheidung die Gemeinwohlbestimmung sich auf die Wahrnehmung bestimmter Interessen reduziert und in dieser Weise der Gemeinwohlorientierung entweder der Umwelt- oder der Telekommunikationsgesetze zuwider läuft.

3. Ermächtigungsorientierung zur Balance zwischen Freiheit und Sicherheit

Dem Vorhergehenden ist zu entnehmen, daß die Aufgabe des Gesetzes, Freiheit und Sicherheit einander auszugleichen, im Zeitalter der Ungewißheit erneut zu betrachten ist. Während in herkömmlicher Hinsicht die freiheitssichernde Funktion des Gesetzes sich dadurch darstellt, daß dieses „hinreichend klare Maßstäbe für Abwägungsentscheidungen bereitstellt“ und dergestalt dazu dient, „die Gerichte in die Lage zu versetzen, die Verwaltung anhand rechtlicher Maßstäbe zu kontrollieren“,[63] würde angesichts der Ungewißheit zukünftiger technisch-wissenschaftlicher Entwicklungen und der daraus folgenden Inhaltsoffenheit des Gesetzes das ständige Streben nach materiell-inhaltlich bestimmten und klaren Handlungs- sowie Kontrollmaßstäben die freiheitssichernde Funktion des Gesetzes beeinträchtigen, indem an dessen Stelle die (auf Sachverstand beruhende) Konkretisierungsbefugnis der Exekutive tritt, die auch in dieser Weise nicht nur der Judikative, sondern auch der Legislative übergeordnet wird. Dabei wird vor allem übersehen, daß unter Ungewißheit die rechtsstaatliche „begrenzende Funktion“ des Gesetzes[64] sich nicht mehr auf dessen stabilisierende und daher substanzorientierte

---

[63] So BVerfGE 110, 33 (54); 113, 348 (376 f.).

[64] Vgl. dazu wiederum BVerfGE 110, 33 (54); 113, 348 (376 f.).

Vorstrukturierung beziehen kann. Vielmehr kommt dem Gesetz auf der Erkenntnisgrundlage, daß nicht lediglich die bestehenden, sondern auch die künftigen, ungewißheitsbedingten Rechtszustände zur umfassenden Freiheitssicherung in Betracht kommen müssen, im Hinblick auf den Handlungsspielraum der Exekutive noch immer eine „begrenzende Funktion" zu, indem die Ermächtigungsorientierung des Gesetzes darauf abzielt, die Freiheit unterschiedlicher Individuen im Rahmen der Verwaltungsentscheidung zu gewährleisten. Daher liegt die Grenze behördlicher Handlungsfreiheit nicht in den semantischen Konturen des Gesetzes, sondern in den Gesetzesrahmen, die einerseits die substantielle Freiheits- und Sicherheitsbestimmung offen lassen, andererseits aber genau dadurch die ermächtigte Behörde zur ermächtigungskonformen Freiheitsgewährleistung verpflichten, die verhindern soll, daß die Behörde innerhalb ihres Handlungsspielraums die Freiheit bestimmter Individuen, die nach dem Ermächtigungsgehalt des Gesetzes zu den berechtigten Entscheidungsrechten zählt, außer acht läßt oder gar ausschließt.

Auch aus dieser Perspektive verdeutlicht sich, daß unter Berücksichtigung der Ungewißheitsproblematik die klassische substanzorientierte Rechtssicherheit sich nicht mehr als Kernbegriff zur Balance von Freiheit und Sicherheit bezeichnen läßt. Unter den Ungewißheitsbedingungen, wo selbst die Bewahrung bestehender Rechtszustände nicht mehr Freiheits- und Sicherheitsgarantie bedeuten kann, kann das Rechtssicherheitsgebot weder die Sicherheit bzw. „Risikosicherheit" lückenlos gewährleisten, noch die Freiheit in vollem Umfang sichern. Diese Annahme suggeriert natürlich nicht, daß die Rechtssicherheit prinzipiell an Bedeutung verloren hat. Doch weist sie darauf hin, daß, vor allem in den ungewißheitsbedingten Referenzgebieten, beim Ausgleich zwischen Freiheit und Sicherheit nicht mehr die substantielle Rechtssicherheit, sondern vielmehr der institutionelle Ermächtigungsrahmen des Gesetzes die zentrale Rolle spielt.

V. Fazit

Angesichts der Ungewißheit technisch-wissenschaftlicher Wandlungen sowohl im Umwelt- als auch im Telekommunikationsrecht läßt sich weder Sicherheit noch Freiheit im Rahmen bestehender Rechtszustände verstehen und gewährleisten. Insofern liegt der Freiheitssicherung nicht mehr die an der Gefahren- und Risikovorsorge orientierte Sicherheit zugrunde. Umgekehrt stützt sich die substantielle Sicherheitsbestimmung auf die Auseinandersetzung von Freiheits- bzw. Entscheidungsrechten divergierender Interessen. Demzufolge darf in den genannten Referenzgebieten die materiell-inhaltliche Unvollständigkeit der Gesetzesnormen nicht (unmittelbar) für inhaltsleer und daher steuerungsunfähig gehalten werden, zumal dort die herkömmliche stabilisierende Funktion des Gesetzes immer wieder durch eine wandlungsfordernde ersetzt wird. Vor allem mit seinem prognostischen Charakter verweist das materiell-inhaltlich offene Gesetz speziell auf die Freiheit bzw. die Entscheidungsrechte verschiedener Interessenträger zur substantiellen Sicherheitsbestimmung.[65] Gerade in diesem Sinne übernimmt die Exekutive von der gesetzlichen Unvollständigkeit nicht die verselbständigte bzw. ungebundene Kompetenz zur Gesetzeskonkretisierung, die oft als Ausdruck technisch-wissenschaftlicher Sachkunde bezeichnet wird. Vielmehr ist sie im Rahmen gesetzlicher Ermächtigung dazu verpflichtet, die Sicherheitsbestimmung als politische Entscheidung zu erkennen und auf dieser Grundlage alle vom Gesetz geschützten Belange umfassend und ermächtigungsgemäß zu berücksichtigen. Die kognitive Freiheit, die gerade von der Unsicherheit der Zukunft garantiert wird[66] und daher erst im Rahmen der materiell-inhaltlichen Unbestimmtheit des Gesetzes zu sichern ist, darf weder durch die auf Sachkunde beruhende Legitimation der Verwaltungsentscheidung noch durch die mangels Sachkunde verkürzte Kontrolle der Gerichte preisgegeben werden.

65 Den politischen Aspekt der Prognose betont *Oliver Lepsius,* Prognose als Problem von Wissenschaft und Politik, in: Horst Dreier/Dietmar Willoweit (Hrsg.), Wissenschaft und Politik, 2010, S. 181 ff., 193: „Ergebnisvorhersagen gelten oft als Ausdruck wissenschaftlicher Sachkunde, während offen gehaltene Kausalverlaufshypothesen eher Bedenken auslösen. Diesem Eindruck sollte man entgegentreten und statt dessen umgekehrt dafür werben, im bewußt Unvollständigen einer Prognose einen Vorteil zu sehen, der nicht zuletzt politisches Handeln beflügelt, während man Ergebnisvorhersagen mit einer größeren Gleichgültigkeit begegnen sollte, als es bislang getan wird." Zum politischen Charakter der Grenzwertentscheidung vgl. ferner *Luhmann* (FN 27), S. 205 ff.

66 So *Lepsius* (FN 65), S. 195. („Erst die Unsicherheit der Zukunft garantiert die kognitive Freiheit.")

RECHTSTHEORIE 42 (2011), S. 333–338
Duncker & Humblot, 12165 Berlin

BERICHTE UND KRITIK

HERMENEUTISCHE KOMPETENZ DES ADRESSATEN UND DIE VERWENDUNG DES ENTHYMEMS IN DER JUDIKATUR DES TSCHECHISCHEN VERFASSUNGSGERICHTS

Von Pavel Holländer, Brünn

Auch wenn es in jeder Generation der Rechtstheoretiker Persönlichkeiten gibt, die ihre wissenschaftliche Aufmerksamkeit auf die Problematik der logischen Erforschung des Rechts als solches wenden, bleibt die breitere Rechtsöffentlichkeit in dieser Richtung doch zurückhaltend. Der Grund dafür ist nach meiner Überzeugung nicht nur in der mangelnden logischen Ausbildung der Rechtsanwälte zu suchen. Einen wichtigen Punkt stellen sicherlich auch die Konsequenzen dar, die im konkreten Rechtsfall aus der Gegenüberstellung der einschlägigen Argumentation, hervorgebracht in natürlicher Sprache (sei es die Prozesssprache der gerichtlichen Argumentation oder die juristische Sprache der doktrinalen Argumentation), und deren Übertragung in die formell-logische Form resultieren:

Zum Einen geht es hier um die Tatsache, dass die in der Prozesssprache bzw. in der juristischen Sprache geführte Argumentation bündiger und einfacher erscheint gegenüber der formell-logischen Argumentation, die wesentlich umfangreicher und komplizierter ist. Eine weitere Konsequenz stellt dann das Muss dar, eine Formalisierung vorzunehmen, d.h. eine formelle Sprache einzuführen, die zuerst zu definieren ist, und in der die Bedeutung der formellen Begriffe in Bezug auf den konkret analysierten Fall festzulegen bzw. einzuschränken ist. Auf ähnliche Weise muss dann mittels eines vergleichbaren Verfahrens auch das Ergebnis der Formalisierung interpretiert werden.

Den Grund, warum die formelle Beschreibung des „Argumentationsfeldes" im Vergleich zur „traditionellen" Beschreibung umfangreicher ist, liefert die Tatsache, dass die Formalisierung – im Gegensatz zur Argumentation in der gerichtlichen Prozesssprache oder in der juristischen Sprache – die explizite Erläuterung der einzelnen Schritte fordert, welche einen Bestandteil des rechtlichen Vorverständnisses darstellen und somit in der Argumentation implizit vorhanden sind. Man kann von einem Phänomen sprechen, das dem Enthymem in der Logik[1] bzw. in der

Rechtslogik[2] analog ist. Dieser Umstand trägt dann dazu bei, dass einem qualifizierten Leser die Formalisierung hinsichtlich der Inhalte der einzelnen Schritte als trivial erscheint,[3] was wiederum zusammen mit dem anspruchsvollen Verfahren des „Übertragungssystems“ die Skepsis der Rechtslandschaft in Bezug auf die logische Vorgehensweise bei der Analyse des Argumentationsfeldes zur Folge hat. Anders gesagt: Die Begründung der Gerichtsentscheidungen sieht eine bestimmte hermeneutische Kompetenz der Adressaten vor, die mit der Begründungstradition, mit der Überzeugungskraft und der Verständlichkeit der Entscheidung verbunden ist. Die formal-logische Beschreibung des richterlichen Gedankenvorgehens bei der Annahme einer Gerichtsentscheidung wird aber wegen vollständiger Beinhaltung aller Prämissen und aller Schritte der Deduktion komplizierter und damit zugleich weniger verständlich sowie gelegentlich trivial.[4]

---

1 *Ch. Rapp,* Aristoteles, Rhetorik, Berlin 2002, S. 111: „Enthymem ist eine Art Deduktion ... Man darf die Schlussfolgerungen nämlich weder weither ziehen noch, indem man alles aufgreift. Das eine ist nämlich unklar wegen der Länge, das andere ist geschwätzig, weil man Selbstverständliches sagt.“

2 Siehe z. B. *O. Weinberger,* Rechtslogik, 2. Aufl., Berlin 1989, S. 203; *I. Tammelo,* Outlines of modern legal logic, Wiesbaden 1969, S. 25 f.; *E. Schneider,* Logik für Juristen, 3. Aufl., München 1991, S. 91–93.

3 In der tschechoslowakischen Rechtstheorie siehe in diesem Zusammenhang die Versuche Viktor Knapps aus den 60er Jahren des 20. Jahrhunderts, das Verfahren bei der Entscheidung über das Unterhaltsgeld zu formalisieren (*V. Knapp,* O možnosti použití kybernetických metod v právu [Über die Möglichkeiten der Anwendung kybernetischer Methoden im Recht], Prag 1963).

4 Als Beispiel einer Unterschätzung der hermeneutischen Kompetenz der Adressaten kann die Figur des Obersts Friedrich Kraus im Roman „Die Abenteuer des braven Soldaten Schwejk“ dienen: „Oberst Friedrich Kraus, Besitzer des Prädikates: von Zillergut, nach irgendeinem Dorf in Salzburg, das seine Vorfahren bereits im achtzehnten Jahrhundert verfressen hatten, war ein ehrenwerter Idiot. Wenn er etwas erzählte, pflegte er lauter selbstverständliche Dinge zu sagen, wobei er fragte, ob alle die primitivsten Ausdrücke verstünden: ‚Also ein Fenster, meine Herren, jawohl. Wissen Sie, was ein Fenster ist?‘ Oder: ‚Ein Weg, an dem auf beiden Seiten Gräben sind, heißt Straße. Jawohl, meine Herren. Wissen Sie, was ein Graben ist? Ein Graben ist eine Öffnung in der Erde, an der mehrere Leute arbeiten. Er ist eine Vertiefung. Jawohl. Man arbeitet mit Spaten. Wissen Sie, was ein Spaten ist?‘ Er litt an einer Erklärungsmanie, der er mit einer Begeisterung frönte wie ein Erfinder, der von seinem Werk erzählt. ‚Ein Buch, meine Herren, sind mehrere geschnittene Papierblätter von gleichem Format, die bedruckt und zusammengestellt, gebunden und mit Leim zusammengeklebt sind. Jawohl. Wissen Sie, meine Herren, was Leim ist? Leim ist ein Klebemittel.‘ Er war so unglaublich blöd, daß die Offiziere ihm von weitem auswichen, um nicht von ihm hören zu müssen, daß das Trottoir ein erhöhter gepflasterter Streifen längs der Häuserfassaden und etwas anderes sei als die Fahrbahn. Und daß die Fassade eines Hauses jener Teil des Gebäudes ist, den wir von der Straße oder vom Trottoir aus sehen. Die rückwärtige Häuserfront können wir vom Trottoir aus nicht sehen, wovon wir uns augenblicklich überzeugen können, wenn wir die Fahrbahn betreten. Er war bereit, diese interessante Tatsache sofort zu demonstrieren. Zum Glück wurde er jedoch überfahren.“ (*J. Hašek,* Die Abenteuer des braven Soldaten Schwejk, Berlin 2010.)

Diese These kann anhand gerichtlicher Entscheidungen demonstriert werden – meine Absicht ist es, diese Ausführungen mit Hilfe einiger Entscheidungen des Verfassungsgerichts der Tschechischen Republik darzulegen.

Mit dem Gesetz Nr. 243/1992 GBl. wurden Restitutionsansprüche von Personen deutscher Nationalität begründet, die nach dem zweiten Weltkrieg ihre tschechoslowakische Staatsbürgerschaft eingebüßt haben und denen im Anschluss darauf das Eigentum nach und nach konfisziert wurde. Die Bedingung für das Geltendmachen der Restitutionsansprüche war das erneute Erlangen der tschechoslowakischen Staatsbürgerschaft und die Tatsache, dass sich diese Personen während der Okkupation nichts zuschulden kommen lassen haben in Bezug auf den tschechoslowakischen Staat. In der Gerichtspraxis gab es jedoch auch Fälle der Geltendmachung von Restitutionsansprüchen seitens Personen deutscher Nationalität, die ihre tschechoslowakische Staatsbürgerschaft nie eingebüßt haben. Die allgemeinen Gerichte – dem Argument *a contrario* folgend – haben dann solche Ansprüche mit Hinweis auf den Wortlaut dieses Gesetzes abgewiesen.

In den Rechtssachen mit den Aktenzeichen II. ÚS 22/94, III. ÚS 39/95 und Pl. ÚS 48/95 hat das Verfassungsgericht jedoch eine gegensätzliche Meinung geäußert, indem es diese Ansprüche anerkannte und für seine Schlussfolgerung folgende Argumentation verwendete: „Wenn laut Gesetz Nr. 243/1992 GBl. das Vermögen an Personen zurückgegeben wird, die dieses anhand des Dekrets verloren und ihre Staatsbürgerschaft einbüßten, die ihnen später wieder zuerkannt wurde, muss es denjenigen um so mehr zurückgegeben werden, denen die Staatsbürgerschaft erst gar nicht erneut zuerkannt werden musste, da sie diese aufgrund ihres bestimmten Verhaltens nicht verloren haben." Eine andere Auslegung hat das Verfassungsgericht als „diskriminierend" und „im Widerspruch zum Zweck des Gesetzes Nr. 243/1992 GBl." bezeichnet.

Die oberste (nicht explizit zum Ausdruck gebrachte) Prämisse dieser Schlussfolgerung des Verfassungsgerichts stellt die These dar, wonach dem Ausfüllen der Rechtslücke mittels Verfahrens der teleologisch begründeten Analogie Vorzug vor dem allgemeinen negativen Satz gegeben werden muss;[5] anders gesagt – das Argument *a fortiori* (im gegebenen Fall als Argument *a minori ad maius*) muss dem Argument *a contrario* bevorzugt werden.

---

5 Der Begriff „des allgemeinen Negativsatzes" ist mit der Reinen Rechtslehre verbunden. Nach diesem Satz existieren keine Berechtigungen (Ansprüche) und keine Pflichten, solange sie nicht mit dem positiven Recht begründet werden können. In solchen Fällen ist der Richter verpflichtet, den Anspruch, welcher nicht mit dem positiven Recht begründbar ist, abzulehnen.

Diese These zugrunde gelegt (die jedoch – wie bereits erwähnt – nicht explizit zum Ausdruck gebracht wurde), hat das Verfassungsgericht in dieser Rechtssache festgestellt, dass in der Situation, in der mit dem Gesetz die Restitutionsansprüche nach dem Wiedererlangen der Staatsbürgerschaft begründet wurden, diese um so mehr in Fällen existieren müssen (trotz der Gesetzeslücke), in welchen Personen deutscher Staatsbürgerschaft aufgrund ihrer Treue zum tschechoslowakischen Staat und ihrer antifaschistischen Widerstandsaktivitäten ihre tschechoslowakische Staatsbürgerschaft nie eingebüßt haben. Mit anderen Worten, das Verfassungsgericht demonstrierte, dass die für diesen Fall formulierte Begründung *analogie legis* die Bedingung der Subsumption/Unterordnung unter die explizit nicht zum Ausdruck gebrachte Allgemeinregel erfüllt, wonach die teleologisch begründete Analogie dem allgemeinen Negativsatz zu bevorzugen ist.

Mit dem Gesetz Nr. 217/1994 GBl. wurde das Ausbezahlen eines einmaligen finanziellen Betrags an bestimmte Opfer der nazistischen Persekution eingeführt, wobei die Kategorie der berechtigten Personen mit dem Hinweis auf den Begriff des tschechoslowakischen politischen Häftlings nach Sondergesetz festgelegt wurde. Nach dieser Rechtsregelung unterliegt dieser Begriff der Definition (auf die das Gesetz Nr. 217/1994 GBl. auch verweist), wonach es sich um Personen handelt, welche zwischen dem 15. März 1939 und dem 4. Mai 1945 hingerichtet wurden oder „in Untersuchungshaft, in Haft, in Gefängnissen, Konzentrations- oder Internierungslagern" gestorben sind oder welche „im Zusammenhang mit ihrer Verhaftung" gewaltsam getötet wurden. Im Rechtsfall, geführt unter dem Aktenzeichen Pl. ÚS 23/96, hat sich das Verfassungsgericht mit dem Anspruch einer verbliebenen Ehefrau befasst, deren Ehemann anhand vorliegender Dokumente am 8. Mai 1945 entweder im Konzentrationslager Flossenburg, oder (eher) in Folge der Evakuation (Todesmarsch) in der Gemeinde Eggenfelden gestorben ist, wo er auch im Verstorbenenregister aufgeführt ist. Das Verfassungsgericht hat diesen Anspruch anerkannt, obwohl es sich um einen gewaltsamen Tod im Zuge der nazistischen Persekution nach dem 4. Mai 1945 handelte. Dabei hat es sich folgender Argumentation bedient: „Das Verfassungsgericht vertritt die Ansicht, dass das Datum 4. Mai 1945 nicht auf die Bestimmungen eines völlig anderen Gesetzes bezogen werden kann, nämlich des Gesetzes über das Leisten eines einmaligen finanziellen Betrages an Opfer der nazistischen Persekution. Während mit dem Gesetz Nr. 255/1946 GBl. festgelegt wird, wer als betroffener Bürger gilt, befasst sich das Gesetz Nr. 217/1994 GBl. mit den Bedingungen, unter welchen Ansprüche von Witwen und Witwern nach diesen politischen Häftlingen begründet werden: der Anspruch gilt als begründet, wenn die betroffenen Bürger hingerichtet wurden oder ,in Untersuchungshaft, in Gefängnissen, in Konzentrations- und Internierungslagern' gestorben sind oder wenn sie ,im Zuge der Verhaftung' gewaltsam getötet wurden. Der Gedanke, wonach der betroffene Bürger seinen Status aufgrund des Fortdauerns der Gefangenschaft über das Datum 4. Mai 1945 verliert, ist absurd und dem Sinn des Gesetzes widersprechend. So kann man auch für die Auslegung des Begriffes des Konzentrationslagers nach Gesetz Nr. 217/1994 GBl. nicht den Zeitraum gem. Gesetz Nr. 255/1946 GBl. zu einem anderen Zweck und in einem anderen Zusammenhang verwenden. Wenn nämlich das Gesetz weder den Begriff des Konzentrationslagers noch den Zeitraum für die Existenz solcher Lager festlegt, gibt es auch keine gesetzliche Grundlage für die Interpretation, wonach ein solches Lager nach dem 5. Mai 1945 nicht mehr existieren konnte und somit die Freiheit des Gefangenen nach diesem Tag nicht mehr eingeschränkt wurde. Daher ist es zu überlegen, ob man als Zeitraum für die Existenz eines Konzentrationslagers nicht den Zeitraum wählt, in dem die Häftlinge das Lager nicht frei verlassen konnten – und dies muss individuell anhand konkreter Umstände von Fall zu Fall entschieden werden."

Zur oberen (nicht explizit zum Ausdruck gebrachten) Prämisse in der Schlussfolgerung des Gerichts wird die These, wonach im Falle mehrerer Interpretationsalternativen anhand der Auslegung *per reductionem ad absurdum* (teleologische Reduktion) diejenige(n) auszuschließen ist (sind), welche aus der Sicht des Sinnes und Zweckes der einschlägigen Norm inakzeptable Folgen mit sich bringen würde(n), wobei die teleologische Reduktion den entscheidenden Sichtpunkt bei der Wahl zwischen der extensiven und der restriktiven Auslegung darstellt. Zur unteren Prämisse in der Schlussfolgerung des Verfassungsgerichts wird dann die Feststellung, dass sich der Ehemann der Klägerin zum Zeitpunkt seines Todes in den Händen fremder Macht befand (indem es zur Kapitulation Deutschlands erst am 8. Mai 1945 kam), oder zumindest in einem Lager, das von den rückziehenden nazistischen Einheiten gerade erst verlassen wurde oder vielleicht auch bereits verlassen war, sowie auch die Feststellung, dass es hinsichtlich des Datums 8. Mai nicht entscheidend ist, ob er sich im Konzentrationslager oder im Gefangenentransport befand. Diese Feststellungen hat das Gericht der oberen (nicht ausgesprochenen) Prämisse untergeordnet und aus dieser Subsumption die Existenz des Anspruchs auf die einmalige finanzielle Leistung für die Witwe nach dem Opfer der nazistischen Persekution nach dem Gesetz Nr. 217/1994 GBl. abgeleitet.

In der Rechtssache unter dem Aktenzeichen Pl. ÚS 25/06 beurteilte das Verfassungsgericht den Einklang einer Gemeindebekanntmachung, mit der die Brandschutzverordnung verlautet wurde, mit der Verfassung und den Gesetzen. Anhand der Gegenüberstellung dieser Bekanntmachung, die vom Innenministerium kritisiert wurde, und der methodischen Empfehlung dieses Ministeriums zu Brandschutzverordnungen für Gemeinden ist das Gericht zu der Schlussfolgerung gelangt, dass die Diktion dieser Bekanntmachung mit der Diktion der einschlägigen methodischen Empfehlung des Ministeriums identisch ist. Die darauffolgende Argumentation des Verfassungsgerichts verlässt in gewissen Maßen die Welt des Rechts und wendet sich der Literatur zu: „Das Verfassungsgericht sieht sich in dieser Rechtssache mit einem Fall konfrontiert, in dem der Antragsteller mit seiner methodischen Empfehlung die normbildenden Aktivitäten der Gemeinden bei der Ausübung ihrer Rechte einschränkt. Wenn jedoch diese Empfehlung befolgt und in den Wortlaut einer konkreten allgemein bindenden Bekanntmachung übernommen wird, fordert der Antragsteller die Aufhebung wegen Widerspruchs zur Verfassung und zur Gesetzgebung. Damit schafft das Innenministerium eine Situation, mit der nahegelegt wird, dass die absurde Welt der Romane Franz Kafkas oder George Orwells, der Theaterstücke Samuel Becketts oder Eugene Ionescos nicht nur eine Fiktion ist (sein muss), sondern all zu oft zur alltäglichen Realität wird.“ Hierbei ist sicherlich keine detaillierte Analyse erforderlich, um zu der Schlussfolgerung über die Anwendung des Enthymems in dem genannten Judikat zu gelangen.

Die Auflistung der Entscheidungen des Verfassungsgerichts, welche Enthymeme beinhalten, würde sicherlich mehrere Bände füllen. Diese kurze Demonstration hat sich lediglich zum Ziel gesetzt, eins der Elemente der juristischen Argumentation nahezulegen: das Enthymem stellt nicht nur ein eristisches Werkzeug dar – vielmehr wird es zu einem unerlässlichen Bestandteil der juristischen Argumentation, welcher seinen Adressaten zwingend eine gewisse hermeneutische Kompetenz abverlangt.

RECHTSTHEORIE 42 (2011), S. 339–375
Duncker & Humblot, 12165 Berlin

EINFLUSS VON WERTEN AUF PRÄZEDENZENTSCHEIDUNGEN DER GERICHTE NACH JERZY WRÓBLEWSKI

Von Bartosz Greczner, Breslau

Vom richterlichen Recht[1] als Ergebnis der Arbeit von Richtern ist nicht nur mit Blick auf das *Common Law* die Rede, sondern auch mit Bezug auf Rechtssysteme, deren Entscheidungen regelmäßig aufgrund formaler Gesetze ergehen.[2] Gleichwohl ist die Überzeugung noch weit verbreitet, dass im kontinentaleuropäischen Recht wegen der Gesetzesbindung für Richterrecht kein Raum sei und dass vom Gesetz abweichende Gerichtsentscheidungen illegal seien. Allerdings wird allmählich auch hier der wachsenden Bedeutung der richterlichen Entscheidungstätigkeit und der allmählichen Verwischung der Unterschiede zwischen *Common Law* und *Civil Law* Rechnung getragen.

Dies können auch die alten Grundsätze des kontinentaleuropäischen Rechts nicht verhindern. Danach besteht die Funktion von Gerichtsentscheidungen ausschließlich in der Anwendung der geltenden Gesetze, die von spezialisierten Organen, wie vor allem dem Parlament, verabschiedet werden. Eine solche Sichtweise spiegelt nicht die Komplexität der Enschtscheidungsfindung im Gericht wider. Obwohl es Rechtsnormen gibt, die als normative Grundlage für die Entscheidungen gelten, sind auch Situationen möglich, bei denen die Entscheidungsfindung des Gerichtes nicht auf „reine“ Subsumtion zurückzuführen ist. Eine Rechtsnorm wird zahlreichen Maßnahmen unterzogen, um ihren Inhalt näher zu bestimmen. Im Rahmen dieses Verfahrens wird eine Entscheidungsregel[3] konstruiert, die als Grundlage für die Entscheidungen gilt.

Die praktische Rechtsprechung zeigt trotzt der normativen Grundlage, die als einzige bei der Entscheidungsfindung der Gerichte berücksichtigt

---

1 *Jerzy Wróblewski,* Sądowe stosowanie prawa, Warszawa 1988, S. 371.

2 Gemeint ist natürlich das richterliche Recht nach gemäßigten, nicht extremen Kriterien. Siehe *Wróblewski* (FN 1), S. 372.

3 *Jerzy Wróblewski,* Normatywna podstawa decyzji a reguła rozstrzygnięcia, Studia Prawno – Ekonomiczne, 1960, Bd. 3., S. 12; *ders.,* Podstawa normatywna i reguła decyzji w sądowym stosowaniu prawa, Studia Prawno – Ekonomiczne, 1969, Bd. 3, S. 7–30; *ders.* (FN 1), S. 309–324, *Wiesław Lang/Jerzy Wróblewski/Sylwester Zawadzki,* Teoria Państwa i Prawa, 3. Aufl., Warszawa 1986, S. 475 f.

werden und diese beeinflussen soll, dass sich die Richter zusätzlich sehr oft auch auf frühere Entscheidungen beziehen. Kann man in diesem Zusammenhang von einem vollständigen Verwischen der Unterschiede zwischen den beiden vorhandenen Rechtssystemen sprechen?

Der Zweck dieses Artikels ist, eine allgemeine Analyse des Präzedenzfallbegriffes im polnischen Rechtssystem durchzuführen. Ich werde versuchen, auf bestimmte Elemente von Entscheidungen hinzuweisen, deren Vorhandensein Voraussetzung für den Präzedenzcharakter einer Entscheidung im gerichtlichen Verfahren ist.[4] Um dieses Ziel zu erreichen, beabsichtige ich, die folgenden Fragen zu beantworten. Zuerst möchte ich im Allgemeinen den Begriff des Präzedenzfalls nach Jerzy Wróblewski darstellen. Danach werde ich das Problem der Rechtsanwendung bei gerichtlichen Entscheidungen und die damit zusammenhängenden Fragen ansprechen. Erst vor diesem Hintergrund kann man sich detaillierter mit den von Wróblewski vorgestellten Deutungen des Begriffes Präzedenzfall auseinandersetzen. Meine Ausführungen schließe ich mit dem Versuch ab, die meiner Meinung nach schlüssige Frage zu beantworten, warum bestimmte Entscheidungen bei ähnlichen Rechtssachen berücksichtigt und damit zu Präzedenz-, also Musterfällen für spätere Entscheidungen werden. Welchen Einfluss hatte das axiologische Potenzial mancher Entscheidungen, deren Regeln in Anlehnung an bestimmte Werte abgeleitet wurden, bei Situationen, in denen die einschlägige materielle Vorschrift nicht im direkten Sinne angewendet werden konnte.

Ich werde meine Ausführungen auf die Analyse von Aussagen zu Gerichtsentscheidungen stützen, insbesondere zu Präzedenzentscheidungen, die von Wróblewski in seinen Beiträgen zur gerichtlichen Rechtsanwendung formuliert worden sind.

I. Der Begriff des Präzedenzfalles bei Wróblewski

Der Begriff ‚Präzedenzfall' wird nicht einheitlich verstanden. Dies ergibt sich aus der Schwierigkeit, den Präzedenzfall als einen klassifizierenden Begriff zu sehen, mit dem Phänomene (z.B. Entscheidungen bei Rechtsanwendung) in zwei Untergruppen eingeteilt werden können, je

[4] In der polnischen rechtstheoretischen Fachliteratur hat man sich bisher nur in einem eingeschränkten Maße mit der Frage beschäftigt, welche Elemente der Gerichtsentscheidung sich auf die Zukunft auswirken. Dies lag vor allem an der weit verbreiteten Meinung, dass die Erwägungen, die in dieser Hinsicht in den Ländern mit *Common Law* angestellt wurden, auch bei Fragen angewendet werden können, die sich im kontinentalen Rechtssystem ergeben. Aus diesem Grunde wurde allgemein angenommen, das stärkste Element einer Gerichtsentscheidung, die den größten Einfluss auf künftigen Entscheidungen hat, sei der Entscheidungsgrund, und zwar unabhängig vom Rechtssystem.

nachdem, ob sie über die durch dieses Kriterium festgelegten Eigenschaften verfügen, oder nicht. Ich werde mich bemühen aufzuzeigen, dass der Begriff des Präzedenzfalles einen typologischen Charakter hat. Doch um den Rahmen der verhältnismäßig kurzen Form eines Artikels nicht zu sprengen, werde ich mich nicht zu dieser Frage allzu sehr verbreiten.

Es unterliegt allerdings keinem Zweifel, dass als vorherrschende Eigenschaft des Präzedenzfalles dessen Wirkung zu verstehen ist, weswegen man den Präzedenzfall im sehr allgemeinen Sinne als eine voraufgegangene gerichtliche Entscheidung verstehen kann, die einen Einfluss auf die Entscheidungsfindung bei ähnlichen Verfahren in der Zukunft hat. Diese Entscheidungen können die späteren Entscheidungen normativ oder tatsächlich beeinflussen.[5] Es handelt sich dabei selbstverständlich um eine sehr allgemeine Definition. Um das wesentliche, sich auf die künftigen Entscheidungen auswirkende Element auszusondern, ist es notwendig, eine präzisere, logischere Analyse des Begriffs Präzedenzfall darzustellen.

Wróblewski nennt folgende Situationen, in denen behauptet werden kann, eine unter den Umständen U1 gefällte Entscheidung E1 gelte als Präzedenzfall für die Entscheidung E2, gefällt unter den Umständen U2:

(1) Der Entscheidungsträger glaubt, unter den Umständen U2 ist dieselbe oder eine ähnliche Entscheidung zu fällen, wie E1. Der Entscheidungsträger ist von der Richtigkeit einer identischen oder ähnlichen Präzedenzentscheidung überzeugt.

(2) Die Entscheidung E2 wurde unter den Umständen U2 getroffen. Die Entscheidung wird gefällt, obwohl die Umstände gegenüber den Umständen der Präzedenzentscheidung anders sind.

(3) E2 ist Wiederholung von E1 – also Wiederholung der Präzedenzentscheidung durch eine spätere Entscheidung.

(4) E2 lässt sich von E1 gemäß den üblichen Interferenzregeln ableiten – die Interferenzregeln lassen eine spätere Entscheidung von der Präzedenzentscheidung ableiten.

(5) E2 lässt sich mit den Regeln R begründen, mit denen auch E1 unter Anwendung derselben oder ähnlicher Mittel unter den Umständen U1 begründet worden ist – unter Anwendung derselben Mittel und in Anlehnung an dieselben Regeln ist es möglich, eine spätere Entscheidung zu treffen.

---

5 *Jerzy Wróblewski,* Wartości a decyzja sądowa, Wrocław 1973, S. 133; *ders.,* Precedens i jednolitość sądowego stosowania prawa, in: Państwo i Prawo Nr. 10, 1971, S. 525.

(6) D2 lässt sich durch D1 auf eine andere Art und Weise begründen – es gibt eine Möglichkeit, andere Lösungen anzuwenden, als die oben genannten.

[Die Bezeichnungen zu den Fällen (3), (4), (5) und (6) beziehen sich auf die spätere Entscheidung durch die Bestimmung deren Verhältnisses zur Präzedenzentscheidung.][6]

In diesem Sinne kann der Begriff Präzedenzfall im Rahmen der Rechtssprache verwendet werden.

Die angegebene Definition hat allerdings keinen einheitlichen Charakter. Man kann darin eine psychologische Deutung dieses Begriffes einerseits und andererseits den Präzedenzfall als sprachliches Phänomen aussondern. Im ersteren Fall bezieht sich diese Bezeichnung auf die Motive des Entscheidungsträgers. Im zweiten Fall werden von der Definition logische Beziehungen zwischen den Entscheidungen beschrieben, die vorhanden sein müssen, wenn eine von ihnen als Präzedenzentscheidung für die anderen betrachtet werden soll. Es ist auch Folgendes zu beachten: Die unter Ziff. (2) genannte Deutung des Begriffes scheint sich auf die alltagssprachliche Bedeutung dieses Wortes zu berufen und bedeutet so viel, wie die erste Entscheidung der jeweiligen Rechtsfrage. Es besteht nämlich kein Zusammenhang zwischen den beiden Entscheidungen und auch die Umstände, unter denen sie gefällt wurden, sind unterschiedlich.

Je nachdem, ob die psychologischen Motive bei der jeweiligen Angelegenheit berücksichtigt werden oder nicht, sprechen wir von einem objektiven oder funktionellen Begriff des Präzedenzfalles.[7] Mit dem objektiven Präzedenzfall hätten wir dann in Situationen zu tun, von denen unter den Ziffern (3), (4) und (5) die Rede ist, mit einem funktionellen unter den Ziffern (1), (2), (3), (4), (5) und (6).[8]

Je nach Zusammenhang zwischen den Entscheidungen kann der o.g. Begriff als Präzedenzfall *strictissimo sensu* [Voraussetzung Nr. (3)], *sensu stricte* [Voraussetzung Nr. (4)], *sensu largo* [Voraussetzung Nr. (5)] oder *sensu largissimo* [Voraussetzung Nr. (6)] verstanden werden.

Die o.g. Deutungen des Begriffes Präzedenzfall weisen ausdrucksvoll darauf hin, dass er keinesfalls als einheitlich gelten kann. Im folgenden Teil meiner Ausführungen konzentriere ich mich ausschließlich auf die objektive Deutung des Begriffes. Ich versuche nämlich, eine Analyse des Verhältnisses zwischen den Entscheidungen E1 und E2 durchzuführen.

---

6 *Wróblewski,* Precedens (FN 5), S. 525; vgl. *Michał Balcerzak*, Zagadnienie precedensu w prawie międzynarodowym praw człowieka, Toruń 2008, S. 35.

7 *Wróblewski,* Precedens (FN 5), S. 525.

8 Ebd.

Dabei werde ich bestimmen, wie man eine neue Entscheidung in Anlehnung oder aufgrund einer Präzedenzentscheidung begründen kann. Ich werde Elemente der Entscheidungsfindung bei der gerichtlichen Rechtsanwendung aussondern und charakterisieren, die von Bedeutung sind, wenn sie als eine Präzedenzentscheidung gelten soll. Als Ausgangspunkt für weitere Ausführungen muss allerdings eine Analyse des Begriffs der gerichtlichen Rechtsanwendung stehen.

II. Eigenschaften der Entscheidungen bei der gerichtlichen Rechtsanwendung

Es ist vor allem festzustellen, dass Wróblewski mit Entscheidungen im Rahmen der gerichtlichen Rechtsanwendung die Anwendung von Gesetzen im *Civil Law* meint. Diese Anmerkung ist notwendig, um den Umfang der Überlegungen einzuschränken. Somit werden Entscheidungen im Rahmen der Rechtsanwendung im *Common Law* ausgeschlossen, da sie sich durch bestimmte Besonderheiten auszeichnen, wie Wróblewski bemerkte.

Den Begriff Gerichtsentscheidung versteht Wróblewski in einem anderen Sinne als den, der in den *Prozessordnungsvorschriften* festgelegt wird.[9] Er benutzt ihn in einem viel weiteren Sinne, indem er als Entscheidung jeden Spruch des Gerichts ansieht (eines Einzelrichters oder eines Spruchkörpers), der bei einer Streitigkeit gefällt wird und die Angelegenheit bei der jeweiligen Instanz abschließt. Entscheidungen bei der gerichtlichen Rechtsanwendung sind Entscheidungen in einer Rechtsfrage. Sie bestehen in Abwägung unterschiedlicher Alternativen,[10] die dann verbal zum Ausdruck gebracht werden. Nach Wróblewski ist es bei

---

9 *Wróblewski,* Decyzja sądowa a koncepcja systemu prawa, in: Acta Universitatis Lodziensis Zeszyty Naukowe Uniwersytetu Łódzkiego Nauki Humanistyczno Społeczne; Reihe I, Heft 28, 1978, S. 3. Die Flächenstruktur der Entscheidung (des Tenors mitsamt Gründen) wird durch Elemente gebildet, die von den Verfahrensvorschriften eindeutig bestimmt werden. Sie enthält ausschließlich Elemente, die rechtlich gesehen notwendig sind. Sie weist auch auf ein notwendiges Minimum an Argumenten hin. Und so bestimmt Art. 328 § 2 poln. Zivilprozessordnung, dass die Urteilsgründe sowohl die tatsächliche als auch die rechtliche Grundlage enthalten sollen. Als tatsächliche Grundlage gelten: Festlegung von Fakten, die vom Gericht als bewiesen gelten; die Beweise, auf die es sich gestützt hat; Gründe, warum anderen Beweisen Glaubwürdigkeit und damit auch der Beweiswert abgesprochen wurde. Die Darlegung der Rechtsgrundlage ist nicht so ausgebaut. Sie beschränkt sich nur auf den Hinweis, dass man entsprechende Rechtsvorschriften heranziehen muss. Es kann sich sowohl um Vorschriften des materiellen Rechts handeln, als auch um Prozeduren und Kompetenzvorschriften. Der Tenor enthält eine Formulierung aller Rechte und Pflichten der Rechtsträger mitsamt der Darlegung des jeweiligen Rechtsbestandes. Es handelt sich um den Inhalt einer festgelegten individuellen Norm.

10 Diese Alternativen beruhen auf Informationen, über die der Rechtsträger verfügt, und bestimmen seinen Entscheidungsraum.

den Entscheidungen eines Richters charakteristisch, dass sie sich auf das geltende Recht stützen sollen und dass das Gericht nicht berechtigt ist, die Entscheidung mit Hinweis auf die Nichtexistenz dieses Rechts zu verweigern. Unter dem Begriff Entscheidung ist also das Resultat einer bestimmten Handlung des Richters zu verstehen, bestehend in Auswahl zwischen den vom geltenden Recht angebotenen Alternativen. Mit dem Begriff der Gerichtsentscheidung hängen einige Fragen zusammen, die hier erwähnt werden sollen.

1. Struktur der Entscheidung bei gerichtlicher Rechtsanwendung

Wenn man Gerichtsentscheidungen analysiert, soll man sich erstens deren Struktur anschauen und die Bestandteile (wenigstens in Kürze) besprechen. Eine Gerichtsentscheidung ist das Resultat eines Auswahlvorgangs durch den Richter.[11] Dabei ist aber anzumerken, dass man einerseits von der Oberflächenstruktur dieser Entscheidung sprechen kann (wenn die Entscheidung mit dem Resultat einer bestimmten Tätigkeit des Richters gleichgesetzt werden kann[12] – Tenor) und andererseits von der Tiefenstruktur (wenn man mehr Gewicht auf den Prozess der Entscheidung legt, als einer Reihe von Entscheidungsalternativen, welche die Grundlage für die endgültige Entscheidung darstellen – Tenor mitsamt Begründung). (Man kann eventuell von der Formel der Entscheidung aus deren praktischer oder theoretischer Sicht sprechen).

Eine richterliche Entscheidung ist eine endgültige Entscheidung gemäß dem Modell der gerichtlichen Rechtsanwendung. Dabei werden meistens die rechtlichen Folgen eines Tatbestandes (sie kann auch die Form einer Feststellung eines Tatbestandes haben) festgestellt. Folgerichtig wird sie in ihrer Oberflächenstruktur als eine Entscheidung über Rechtsfolgen gesehen. Die Entscheidung bei gerichtlicher Rechtsanwendung kann in ihrer Oberflächenstruktur folgendermaßen dargestellt werden: „Laut der angewendeten Norm N zieht der Tatbestand T die Folgen Kn nach sich.“[13] Dadurch ist es möglich festzustellen, ob der gegebene Tatbestand

---

[11] *J. Wróblewski*, Uzasadnienie i wyjaśnienie decyzji sądowej, in: Studia Prawno – Ekonomiczne, Bd. XVI, 1976, S. 12.

[12] Ebd.

[13] Vgl. z.B. den Beschluss des Obersten Gerichts – Strafkammer vom 26. November 2002, III KZ 47/02:

„Die Prüfung einer Beschwerde des Geschädigten durch das Amtsgericht gegen einen Beschluss des Staatsanwalts über Einstellung des vorbereitenden Verfahrens gegen eine Person wegen bestimmter Taten in einer Situation, in der dieses Gericht zuvor eine Beschwerde des Verdächtigten gegen diesen Beschluss geprüft und den angefochtenen Beschluss bestätigt hat, gleicht einer Entscheidungsfindung in einer Angelegenheit, in der das Strafverfahren wegen derselben Tat derselben Person schon rechtskräftig abgeschlossen worden ist, und stellt damit eine Verletzung von Art. 17 § 1 Ziff. 7 Strafprozessordnung …“

Rechtsfolgen nach sich zieht oder eher für die rechtlichen Regelungen neutral ist und keinerlei Rechtsfolgen hat. Durch die Entscheidung werden Rechte und Pflichten des Adressaten oder ein Rechtsbestand verbindlich festgelegt.[14] Aus Sicht der Rechtsvorschriften gilt nur die endgültige Entscheidung als Entscheidung.

Wenn wir aber in Betracht ziehen, dass eine Entscheidung im System des *Civil Law* begründet oder wenigstens begründbar sein muss, unter anderem durch Berufung auf eine Rechtsgrundlage, so scheint es notwendig, die tiefe Struktur der Gerichtsentscheidung darzustellen (und dabei handelt es sich um eine Entscheidungsformel aus theoretischer Sicht). Dieses Modell berücksichtigt alle Entscheidungsalternativen, die der Entscheidungsträger zu prüfen hat, und macht alle ihre Elemente sichtbar, die für deren tiefere Analyse notwendig sind. Unter Berücksichtigung dieses Modells kann festgestellt werden, dass eine Entscheidung sich aus Elementen zusammensetzt, die ihrerseits aus den unten angegebenen Bestandteilen bestehen.

In diesem Sinne handelt es sich bei der Entscheidung um eine Reihe oder Folge unterschiedlicher Selektionen. Sie stellt alle Argumente dar, die als Begründung für die Entscheidung fungieren, und entscheidet über deren Rationalität. „Sie beruht nämlich auf Rechtsfolgen eines Tatbestandes, der aufgrund der angewendeten Rechtsnorm von festgelegter Bedeutung als bewiesen gilt, aufgrund der Richtlinie zur Wahl von Folgen und Beurteilungen."[15]

Die Entscheidung wird bei gerichtlichen Rechtsanwendungen nach Wróblewski durch Teilentscheidungen vorbereitet und begründet. Diese sind jeweils das Ergebnis einer Entscheidungsfindung gemäß dem von Wróblewski dargestellten Modell der gerichtlichen Rechtsanwendung.

In diesem Modell werden die folgenden Teilentscheidungen (Prüfungen) getroffen:

(1) die Gültigkeitsprüfung besagt, dass die angewendete rechtliche Regel gilt und in der gegebenen Sache angewendet werden kann;

(2) die Interpretationsprüfung bestimmt die Relevanz der anzuwendenden Regel, falls es Zweifel in Bezug auf deren Anwendbarkeit gibt;

(3) die Beweisprüfung besagt, welche Tatsachen in gegebenen räumlichen und zeitlichen Dimensionen als vorhanden gelten;

[14] *Wróblewski* (FN 1), S. 257.

[15] *Lang/Wróblewski/Zawadzki* (FN 3), S. 473.

(4) die Folgenprüfung besagt, dass gemäß der in Bezug auf die bewiesenen Tatsachen anzuwendenden Regeln diese Tatsachen bestimmte Folgen nach sich ziehen.[16]

Jede Teilentscheidung wirkt sich auf die endgültige Entscheidung aus, da diese eine Resultante von Teilentscheidungen ist, was häufig vergessen wird. Da die endgültige Entscheidung den rechtlichen Tatbestand verbindlich festlegt, wird sie oft mit der Entscheidung über Folgen gleichgesetzt. Dabei handelt es sich doch ausschließlich um ihre Oberflächenstruktur. In der Tiefenstruktur folgt die Gerichtsentscheidung regelmäßig auf vorausgehende Teilentscheidungen, d.h. auf die Geltungs-, die Interpretations-, die Beweis- und die Folgenprüfung.[17]

Wenn man also die volle Struktur der endgültigen Entscheidung[18] darstellen will, kann man das machen, indem typische Formeln von Teilentscheidungen zusammengeführt werden. Die Formel der endgültigen Entscheidung ist eine Konjunktion der Teilentscheidungen. In einem solchen Fall kann die Struktur der endgültigen Entscheidung folgendermaßen dargestellt werden: „Aufgrund der Norm N im Sinne von S aufgrund von Interpretationsrichtlichen IR1 ... IRn, angewandt gemäß den Auswertungen O1, On, und aufgrund der Feststellung, dass ein Tatbestand T in der Zeit t und im Ort p gemäß dem angenommenen Beweismaterial BM1, BMn stattgefunden hat, in Anlehnung an empirische Beweisführungsrichtlinien EBR1 ... EBRn oder an legale Beweisführungsrichtlinien LBR1 ... LBRn oder aber aufgrund von Auswertungen O1, On, gelten Folgen K1 ... Kn unter Berücksichtigung von Folgerichtlinien FR1 ... FRn und Auswertungen O1 ..., On“.[19] Mit dieser Formel können alle Elemente dargestellt werden, die die tiefere Struktur der Entscheidung bilden.

2. Entscheidungselemente

An der oben dargestellten Struktur kann man deutlich erkennen, dass eine gerichtliche Entscheidung mitsamt Gründen aus den folgenden Elementen besteht: Rechtsnormen, Richtlinien, Feststellung des Tatbestandes, Bewertung.

---

[16] *Jerzy Wróblewski,* Poziomy uzasadniania decyzji prawnej, Studia prawno – Ekonomiczne, Bd. XL, 1988, S. 20.

[17] Ebd., S. 24.

[18] In ihrer einfachsten, die Oberfläche betreffenden Struktur, hat die endgültige Entscheidung die folgende Formel: „Der Tatbestand T zieht die Folgen F nach sich.“

[19] *Wróblewski,* Wartości (FN 5), S. 1988; *Wróblewski,* Precedens (FN 5), S. 525.

Im *Civil Law*-System stützt sich die Tätigkeit der Gerichte auf zwingend geltende Rechtsnormen. Die Normen werden von unterschiedlichen, voneinander abgetrennten Organen gesetzt und angewendet. In Staaten mit (vorwiegend) Gesetzesrecht müssen sich die Entscheidungen zwangsläufig auf das geltende Gesetz stützen. Die Gerichte haben das Recht anzuwenden, nicht es zu setzen; deswegen müssen die Rechtsvorschriften immer die normative Grundlage der Entscheidung darstellen und in den Gründen genannt werden. Die vom Gericht angewendeten Normen sind Vorschriften des materiellen Rechts, ggf. auch des Verfahrensrechts und des Kompetenzrechts.

Weitere Elemente sind Richtlinien. Es handelt sich hierbei um Kollisionsrichtlinien, Auslegungsrichtlinien (darunter Richtlinien zur grammatischen, System- oder funktionellen Auslegung), empirische Beweisrichtlinien und Richtlinien zur Auswahl der Rechtsfolgen gemäß richterlichem Gewohnheitsrecht.[20] Die letzteren Richtlinien weisen den Richter an, wie er aus den von der Rechtsnorm zugelassenen Rechtsfolgen die richtige oder angemessene auszuwählen hat.[21]

Zu Bestandteilen einer Entscheidung gehören auch Tatsachenfeststellungen, welche das wichtigste Element der Beweisentscheidungen bilden. Die Feststellungen der Tatsachen haben einen bedeutenden Einfluss auf die Entscheidung über die Rechtsfolgen. Die Merkmale der Tatsachen sind Voraussetzung für die Auswahl der Folgen.

Und endlich kann man auf Bewertungen als Elemente der Entscheidungsbegründung hinweisen. Sie bilden einen wichtigen Bestandteil bei Interpretationsentscheidungen, indem sie die Anwendung der Deutungs-, Beweis- und Rechtsfolgenrichtlinien bestimmen. In allen drei von Wróblewski genannten Etappen der gerichtlichen Rechtsanwendung gibt es Bewertungen. Diese Beurteilungen können entweder systematisch relativiert, instrumental relativiert oder nicht relativiert erfolgen.

Die Beurteilungen treten bei der Festlegung der Bedeutung einer Rechtsnorm auf. Sie kann erfolgen unabhängig davon, ob die Norm direkt verständlich ist oder einer Auslegung bedarf. Eine besondere Rolle spielt die Beurteilung dann, wenn Zweifel über die Bedeutung einer Rechtsnorm bestehen. Der Richter unternimmt dann eine praktische Auslegung des Textes abhängig von den Bewertungen, die er in einem

---

20 *Wróblewski* (FN 16), S. 25.

21 Als Beispiel kann man Art. 53 § 1 (poln.) Strafgesetzbuch anführen: Das Gericht verhängt eine Strafe nach eigenem Ermessen innerhalb der gesetzlich vorgesehenen Grenzen, indem es achtgibt, dass deren Höhe die Schwere der Schuld nicht überschreitet unter Berücksichtigung der sozialen Schädlichkeit der Tat sowie der gegenüber dem Verurteilten verfolgten Vorbeugungs- und Erziehungsziele sowie bei Bedarf auch der Gestaltung des Rechtsbewusstseins in der Gesellschaft.

solchen Fall zwingend berücksichtigen muss. Die Bewertungen können im Rechtstext selbst inbegriffen sein. Ein Rechtstext kann aber auch auf Bewertungen verweisen, nach denen die Verhaltensregeln bestimmt werden sollen.[22] Die Feststellung des Tatbestandes kann auch verlangen, sich Bewertungen zu bedienen (als Beispiel eines Tatbestandes, der als bewertend bezeichnet wird, nennt Wróblewski den „rechtswidrigen Machtmissbrauch“). Bei der Festlegung von Rechtfolgen können auch Direktiven auf Bewertungen verweisen, die bei Entscheidungsfreiräumen angewendet werden.

Bewertungen sind bei der Rechtsanwendung vorhanden unabhängig davon, ob sie in den Entscheidungsgründen eindeutig genannt werden, und stellen einen wichtigen Faktor dar, der die endgültige Entscheidung mitgestaltet. Sie sind auf jeden Fall das wichtigste Element der tiefen Entscheidungsstruktur, was ich zu beweisen und präzise darzustellen versuche. Da ich aber vorhabe, das in den weiteren Teilen des vorliegenden Beitrags zu tun, komme ich hier auf die weiteren Fragen gerichtlicher Rechtsanwendung zurück.

3. Semantischer Charakter der Entscheidung

Mit der gerichtlichen Entscheidung wird die Rechtsangelegenheit bei der jeweiligen Instanz abgeschlossen – auf diese Weise entstehen verbindliche Rechtsfolgen gemäß dem festgestellten und nachgewiesenen Tatbestand. Durch diese Entscheidung wird die vom Richter festgelegte individuelle und konkrete Norm ausgedrückt, die mit Teilentscheidungen begründet werden kann, die gemäß dem von Wróblewski dargestellten Modell der gerichtlichen Rechtsanwendung gefällt wurden.[23] Den Tenor selbst kann man wie folgt darstellen: „Der Tatbestand T zieht die Rechtsfolgen RF nach sich.“ Nach Wróblewskis Meinung kann man dies noch treffender darstellen als: „Der Tatbestand T soll die Rechtsfolgen RF nach sich ziehen.“ Er hat also das Modalwort „sollen“ zu enthalten. Berücksichtigt man darüber hinaus, dass der Zweck der Entscheidung nach Wróblewski darin besteht, Rechte und Pflichten von konkreten Adressaten festzulegen, dann könnte die gerichtliche Entscheidung noch treffender folgendermaßen formuliert werden: „Der Adressat der Entscheidung E soll das Verhalten V an den Tag legen.“ Eine so formulierte Entscheidung enthält das Muster für ein richtiges Verhalten und ist damit semantisch als Norm zu bezeichnen.[24]

---

22 *Wróblewski,* Wartości (FN 5), S. 33.

23 *J. Wróblewski,* Zarys procesowego modelu sądowego stosowania prawa, in: Państwo i Prawo 1985, S. 3–14.

24 *Wróblewski* (FN 1), S. 258.

Doch kann eine gerichtliche Entscheidung auch anders formuliert werden. Wenn das Gericht die endgültige Entscheidung fällt, muss es eine Qualifizierung nach Rechtsnormen vornehmen. Es gehört zu seinen Pflichten festzustellen, ob ein Verhalten der jeweiligen Rechtsnorm entspricht oder nicht. In einem solchen Fall kann die Gerichtsentscheidung als eine Äußerung zur Rechtsnorm betrachtet werden, welche wie folgt allgemein ausgedrückt werden kann: „Der mit der Norm N zu vereinbarende oder nicht zu vereinbarende Tatbestand T zieht die Rechtsfolgen RF nach sich.“ Es wäre damit eine Äußerung zur Vereinbarkeit eines Verhaltens mit einer Rechtsnorm. Der semantische Status einer solchen Äußerung wäre damit auch anders. Äußerungen dieser Art sind als „Bezugsäußerungen“ zu betrachten.

Die Äußerungen zur Vereinbarkeit eines Verhaltens mit einer Rechtsnorm können nicht nur als selbstständige, abgesonderte Äußerungen vorkommen, sondern auch als Teil von komplexeren Äußerungen. Die Bezugsäußerungen können einen Teil von Äußerungen darstellen, die ein Verhalten oder einen Tatbestand bewerten, und deswegen können sie auch einen Teil einer Gerichtsentscheidung darstellen.[25] Falls eine Bezugsäußerung einen Bestandteil einer komplexen Äußerung darstellt, kann sie sich auf den semantischen Charakter dieser Äußerung auswirken. So kann die endgültige Entscheidung als Äußerung zur Vereinbarkeit des innerhalb des Zeitraumes t vorgekommenen Tatbestandes F mit der Rechtnorm N verstanden werden, falls die Vorschrift „V“ vorhanden ist. Die endgültige Entscheidung hätte damit die folgende Form: „Der mit der Norm N im Sinne S zu vereinbarende Tatbestand F zieht die Rechtsfolgen RF nach sich, gemäß der geltenden Vorschrift V im Sinne S1.“[26] Eine Äußerung dieser Art ist als Satz zu verstehen, wenn alle ihre Bestandteile auch Sätze wären. Es kommt aber auch vor, dass manche Bezugsäußerungen keine Sätze sind, so dass sie als Norm oder Bewertung zu betrachten sind.[27] Dies ist immer dann der Fall, wenn die bezogene Norm eine einfache Norm ersten Grades von bewertendem Charakter ist (bei einer nicht relativierten Bewertung), aber auch in den meisten Fällen, wenn die Bezugsnormen von einer instrumental oder systematisch relativierten Bewertung ausgehen.[28] Die Bezugsäußerungen sind Sätze im logischen Sinne, nur wenn bestimmte Bedingungen erfüllt

25 *J. Wróblewski*, Zwroty stosunkowe – wypowiedzi o zgodnośći z normą, in: ZNUŁ Nr. 62 (1969), S. 3–17.

26 Der Tatbestand und die Norm müssen in derselben Sprache geäußert werden; *Wróblewski* (FN 25), S. 3–17.

27 Ebd.

28 Ebd., S. 12.

sind.[29] Die Feststellung, ob ein Verhalten mit einer konkreten Norm vereinbar ist, muss in großem Maße als eine Bewertung gesehen und kann aus diesem Grunde nicht als rein logisches Verfahren verstanden werden.

Wróblewski weist offensichtlich eine verwickelte Konstruktion des semantischen Charakters der Entscheidung als einer Äußerung zur Norm ab. Seiner Meinung nach entspricht sie nicht der pragmatischen Funktion der Entscheidung, die genauso funktioniert, wie semantische Äußerungen, die Normen darstellen.[30] Dies ändert allerdings nichts an der Tatsache, dass die Bezugsäußerungen bei der Anwendung von Recht vorkommen. Äußerungen zu Normen sind Bestandteile von Struktur des Entscheidungsmodelles und tragen damit zur endgültigen Entscheidung bei.

4. Entscheidung als rationelle Äußerung

Die Entscheidung, wie schon oben dargestellt, ist eine konkrete und individuelle Norm, und gehört damit zur Kategorie der Normen (Äußerungen, die suggestive Funktionen haben – das Verhalten der darin genau bestimmten Rechtsträger beeinflussen). Sie ist also kein Satz im logischen Sinne. Sie besagt, wie sich jemand verhalten soll, und hat damit keine beschreibende Funktion. Sie ist kein Satz im logischen Sinne – sie ist weder falsch, noch wahr. Da sie aber zwangsläufig begründet werden muss (und damit nach Wróblewski auch rationell sein),[31] kann man sagen, ob sie rationell oder nicht rationell ist, rechtmäßig oder nicht rechtmäßig.

Eine rechtsanwendende Entscheidung soll rechtmäßig sein.[32] Sie ist das Ergebnis eines auf Beziehungen eingestellten Syllogismus und damit stark mit den angewendeten Rechtsnormen und den Tatbeständen verbunden, erkannt durch Direktiven der Rechtsanwendung, die man als Prämissen qualifiziert. Dabei dürfen auch die Bewertungen nicht vergessen werden, die bei der Gestaltung des Inhalts einer Entscheidung eine wesentliche Rolle spielen. Wie Wróblewski in diesem Zusammenhang richtig erkennt, ist die Rechtmäßigkeit der Entscheidung relativiert. Eine Entscheidung ist rechtmäßig in Bezug auf die geltenden Rechtsnormen

29 Ebd., S. 16.

30 *Wróblewski* (FN 1), S. 259 f.

31 *Wróblewski* (FN 11), S. 12.

32 Dieser Forderung liegt eindeutig die Idee der Gewaltenteilung von Montesquieu zugrunde. Rechtsnormen sollen nicht bei der Rechtsanwendung geschaffen werden. Die Befugnisse des Richters wurden insoweit stark eingeschränkt. Seine Entscheidungen müssen sich auf Rechtnormen stützen, die vom Parlament verabschiedet werden.

und angenommenen Direktiven zur Rechtsanwendung sowie durch Werte, die dadurch impliziert werden.[33]

Die Rechtmäßigkeit hängt mit der Rationalität der Entscheidungen zusammen, verstanden als Möglichkeit, die Entscheidungen durch die entsprechenden Rechtsnormen, den bewiesenen Tatbestand, die angenommenen Bewertungen und die Auslegungsdirektiven zu begründen. Durch eine richtige Zusammenführung dieser Argumente entsteht eine kohärente Entscheidung, die der inneren Begründung nicht entbehrt.[34] Hinzu kommt, dass wenn die Prämissen einer Entscheidung von demjenigen für innerlich begründet gehalten werden, der deren Rationalität untersucht, sie auch als äußerlich begründet gilt. Der Erfolg hängt von den Argumenten ab, die für die Begründung der Prämissen verwendet werden. Eine äußerlich begründete Entscheidung ist auch äußerlich rationell.[35]

Dank dieser Begründung kann die endgültige Entscheidung als die „einzig richtige" dargestellt werden, die im Lichte der jeweiligen Begründung gefällt werden muss. Zumal sie im Rahmen der inneren Kontrolle des Gerichts verifiziert wird (jeweils nach der konkreten Verfahrensregelung). Sie kann auch als die einzig richtige Entscheidung im Lichte der dargestellten und bewiesenen Tatsachen gelten.

III. Präzedenzentscheidung

Es stellt sich die Frage, ob der Richter, der es mit der gleichen Begründung zu tun hat oder mit dem gleichen bewiesenen Tatbestand, nicht genau die gleichen Folgen daraus ziehen soll? Dadurch wären die Entscheidungen stabil und die Realisierung solcher Werte gewährleistet, wie Sicherheit und Objektivität des Rechts sowie dessen formelle Gerechtigkeit. Dies gilt insbesondere, falls es richtig sein sollte, dass das Recht ein besseres Instrument der gesellschaftlichen Kontrolle sei, wenn seine Adressaten gleich behandelt werden.[36] Um dieses Ziel zu erreichen, reicht es vor allem, die Einheitlichkeit der gerichtlichen Rechtsanwen-

---

33 *Lang/Wróblewski/Zawadzki* (FN 3), S. 485.

34 Eine Entscheidung, die als begründbar gelten soll, muss immer kohärent sein; eine nicht kohärente Entscheidung kann in der Rechtskultur des *Civil Law* keinesfalls als begründbar und rationell gelten.

35 *Wróblewski* (FN 16), S. 26.

36 Dadurch entsteht eine Art unverbindliches System der Kontrolle von Gerichtsentscheidungen. In Fällen, in denen die verbindlichen Entscheidungen für „falsch" befunden werden, kann ihnen ihre verbindliche Kraft entzogen werden, sei es durch Aufhebung (Overruling) oder durch Distinguishing, infolge dessen die Anwendung der jeweiligen Gerichtsentscheidung eingeschränkt wird. Bei nicht verbindlichen Entscheidungen kann natürlich von Distinguishing keine Rede sein. Man kann aber von einer Überwindung der bisherigen Entscheidungen sprechen.

dung zu gewähren, da identische Rechtsentscheidungen als Erscheinung einer vollständigen Einheitlichkeit des Systems gelten,[37] und zwar jedes Mal, wenn man mit bestimmten Situationen zu tun hat. Gerichtsentscheidungen sind einheitlich, wenn bei ähnlichen Rechtssachen ähnliche Entscheidungen gefällt werden. Eines der Mittel zu diesem Zweck besteht in entsprechender Berücksichtigung der Präzedenzfälle.

Bevor aber eine detaillierte Analyse der oben genannten Deutungen dieses Begriffs durchgeführt wird, muss präzise dargestellt werden, wann die Entscheidungen einander beeinflussen können. Welcher Voraussetzung bedarf es, damit bestimmte Beziehungen zwischen Entscheidungen entstehen, bei denen eine der Entscheidungen als Präzedenzentscheidung bezeichnet werden kann?

Eine notwendige Bedingung ist selbstverständlich, dass es wesentliche Ähnlichkeiten zwischen den Rechtssachen gibt. Wróblewski bezieht die Ähnlichkeit auf Rechtssachen desselben Typus.[38] Im Allgemeinen kann man von einem gegenseitigen Einfluss von Entscheidungen sprechen, wenn man es mit Entscheidungen zu Fällen eines ähnlichen Typus zu tun hat. Nur wenn zwei Rechtsfälle zu demselben Typus gehören, kann in der späteren die frühere als Präzedenzentscheidung angewendet werden – also ein Bindeglied zur früheren Rechtssache festgestellt wird. Inwieweit zwei Rechtssachen demselben Typus angehören, hängt davon ab, welchen Tatbestand das Gericht feststellt, welche Normen von ihm verwendet werden und in welchem Sinne. Ein Typ entsteht auf der Grundlage von Tatsachen,[39] die durch entsprechende Rechtsnormen hervorge-

---

[37] Darüber hinaus scheint die Antwort auf die Frage interessant zu sein, ob die Einheitlichkeit von Gerichtsentscheidungen, die dadurch zum Vorschein kommt, dass einem Typus von Rechtssachen ähnliche Entscheidungen entsprechen, einen so hohen Wert hat, dass die Richter die früheren Entscheidungen berücksichtigen müssen?

[38] *Agnieszka Orłowska,* Konstrukcja precedensu we współczesnym prawie, nicht veröffentlichte Dissertation von 2002, Fakultät für Recht und Verwaltung der Nikolaus-Kopernikus-Universität in Thorn, S. 48.

[39] Wenn Wróblewski von Tatsachen (vom Tatbestand) redet, meint er deren drei Arten:

a) Tatsachen, die beschreibend oder bewertend ausgedrückt wurden;
b) Tatsachen, die ohne Negation bestimmt werden können („positive Tatsachen"), oder solche, die einer Negation bedürfen („negative Tatsachen");
c) Tatsachen, deren Feststellung keiner Prüfung der Vereinbarkeit mit einer Rechtsnorm bedarf, d.h. die sog. „einfachen Tatsachen", oder jene, die einer solchen Prüfung bedürfen („Bezugstatbestand").

Beschreibend dargestellte Tatsachen sind verhältnismäßig leicht festzustellen und die auf sie bezogene Beweisführung hängt von den im jeweiligen Rechtssystem angenommenen Beweisführungstheorien ab. Die Feststellung von bewertend dargestellten Tatsachen ist dagegen viel komplexer und hängt von den Bewertungen ab, die der jeweilige Beobachter voraussetzt. Siehe *Lang/Wróblewski/Zawadzki* (FN 3), S. 465 f.

hoben werden. Der Typus von Tatsachen, die bei der Untersuchung der Einheitlichkeit der Rechtsanwendung relevant sind, wird dadurch hervorgehoben, dass die Umstände vor dem Hintergrund der angewendeten Rechtsnormen festgestellt werden. Die Einheitlichkeit von Tatsachentypen hängt also von der Einheitlichkeit bei der Auslegung von Rechtsnormen ab. Für Gerichte gelten Rechtssachen als solche eines gemeinsamen Typus, wenn in der Sprache SF genannte Tatbestände T als Bezeichnete des Namen T in der Sprache SF der angewendeten Norm zu betrachten sind; dazu wird der Tatbestand X mithilfe derselben Beweisführungsdirektive BD festgestellt; zum Tatbestand T wird die Norm N mit derselben Bedeutung angewendet.[40]

In einer solchen Definition haben wir es mit zweierlei Typen zu tun, und zwar wegen zweier hier vorkommender Sprachen. Erstens wird in der Sprache Sf ein Typ von Tatsachen x als „f“ bezeichnet. Deswegen werden unterschiedliche reale Phänomene, die sich voneinander durch unterschiedliche Merkmale unterscheiden, in einer Gruppe der Bezeichneten des Namens „f“ versammelt. Zweitens bekommen wir eine andere Typisierung durch die Rechtssprache Sr. Die Bezeichnung „F“ ist kraft Definition mit der Bezeichnung „f“ in der Sprache Sf verbunden, indem Objekte, die in der ersten Sprache als „f“ bezeichnet werden, in der anderen als „F“ bezeichnet werden. Auf diese Weise wird die Bestimmung des Typus und der Ähnlichkeit einer Rechtssache vor allem auf die Rechtssprache Sr relativiert.

Eine Typisierung der Wirklichkeit durch die Rechtssprache Sr ist mit dem Verständnis der einschlägigen Norm N verbunden. Das einheitliche Verstehen dieser Norm besteht darin, dass die darin enthaltene Bezeichnung „F“ dieselbe Bedeutung hat, wenn die Norm N in Bezug auf den Tatbestand x angewendet wird. Und letzten Endes ist der Tatbestand, auf den sich das Gericht stützt, bewiesen.[41]

Von einer einheitlichen gerichtlichen Rechtsanwendung kann man reden, wenn Gerichte in bestimmten Typen von Rechtssachen ähnliche Entscheidungen treffen.

Die Ähnlichkeit von Entscheidungen wird genauso definiert, wie die Ähnlichkeit von Rechtssachen. Eine Gerichtsentscheidung gehört einem Typus dann an, wenn für den gegebenen Typus von Rechtssachen bestimmte Typen von Rechtsfolgen festgelegt werden. Um das zu erreichen, müssen zwei grundlegende Bedingungen erfüllt werden:

---

40 *Wróblewski,* Precedens (FN 5), S. 522.

41 Ebd., S. 523; *Agnieszka Orłowska,* Moc wiążąca precedensu, in: Przegląd Sądowy, Nr. 7–8, 2000, S. 9.

- für eine bestimmte Entscheidung eines Typ der Rechtssache bedient sich das Gericht der Normen mit derselben Bedeutung;
- bei Entscheidungsspielräumen bedient sich das Gericht derselben Direktiven bei der Auswahl von Rechtsfolgen.[42]

Man kann also erkennen, dass die Rechtssachen einander beeinflussen, wenn die Richter in Sachen desselben Typus auch denselben Typus von Entscheidungen anstreben.

Entscheidungen, die andere Entscheidungen beeinflussen, werden als Präzedenzentscheidungen bezeichnet. Diese Auswirkung kann einen normativen oder tatsächlichen Charakter haben.[43] Es handelt sich dabei um eine sehr allgemeine Definition. Um das wesentliche, die späteren Entscheidungen beeinflussende Element einer Präzedenzentscheidung aufzeigen zu können, ist es notwendig, eine präzisere, logische Analyse des Begriffes der Präzedenzentscheidung vorzunehmen.

Wróblewski nennt sechs Situationen, in denen gesagt werden kann, dass eine Entscheidung E1 als Präzedenz für die vorzunehmende Entscheidung E2 gilt. In vier von ihnen ist eine besondere Verbindung zwischen den Entscheidungen E1 und E2 ersichtlich. Das Vorhandensein einer solchen Verbindung ist eine notwendige Bedingung für die spätere Entscheidung – es ist deren Prämisse. In den folgenden Situationen kann man behaupten, eine unter den Umständen U1 gefällte Entscheidung E1 gelte als Präzedenzfall für die Entscheidung E2, gefällt unter den Umständen U2:

(1) E2 ist Wiederholung von E1 – also Wiederholung der Präzedenzentscheidung durch eine spätere Entscheidung;

(2) E2 lässt sich von E1 gemäß den üblichen Interferenzregeln ableiten – die Interferenzregeln lassen eine spätere Entscheidung von der Präzedenzentscheidung ableiten;

(3) E2 lässt sich mit den Regeln R begründen, mit denen auch E1 unter Anwendung derselben oder ähnlicher Mittel unter den Umständen U1 begründet worden ist – unter Anwendung derselben Mittel und in Anlehnung an dieselben Regeln ist es möglich, eine spätere Entscheidung zu treffen;

(4) D2 lässt sich durch D1 auf eine andere Art und Weise begründen – es gibt eine Möglichkeit, andere Lösungen anzuwenden als die oben genannten.

---

42 *Wróblewski,* Precedens (FN 5), S. 523; *Orłowska* (FN 41), S. 9.

43 *Wróblewski,* Wartości (FN 5), S. 133 und *ders.*, Precedens (FN 5), S. 525.

Zu (1): Eine Wiederholung im wortwörtlichen Sinne würde im Kontext einer Präzedenzentscheidung für eine erneute Verwendung genau derselben Formulierungen stehen, die bei der früheren Entscheidung verwendet wurden. Wie aber Wróblewski richtig bemerkt, kann eine Wiederholung der Entscheidung E1 nicht in einer wortwörtlichen Zitierung dieser Entscheidung bestehen. Es handelt sich dabei nämlich um ein Urteil, das sich auf eine völlig andere Sache bezieht. Es ist eine individuelle und konkrete Norm und kann daher nicht in genau demselben Wortlaut über Sachen entscheiden, bei denen weder die Adressaten noch der Tatbestand derselbe sind.

Falls wir mit Wróblewski annehmen, als Schema der Entscheidung gelte der Ausdruck: „Der Adressat der Entscheidung p hat aufgrund der bewiesenen Tatsachen f die Rechtsfolgen k zu tragen.“[44], dann können wir die folgende Formel für diese Entscheidung entwickeln: D (p, f, k). Wenn die Entscheidung E1 nicht vollständig wiederholt werden kann, dann entsteht die Frage, auf welcher Grundlage man von einer Wiederholung der Entscheidung reden kann – welche Bestandteile der Entscheidung können wiederholt werden?

Es können zwei solcher wiederholbaren Elemente genannt werden. Es handelt sich um den bewiesenen Tatbestand f und die Rechtsfolgen k. Die Rechtsfolgen sind jedes Mal vollständig wiederholbar, hingegen kann sich der Tatbestand in den weiteren Fällen nur teilweise wiederholen. Der Tatbestand kann also zweierlei sein: einmalig und nur für den jeweiligen Fall charakteristisch oder wiederholbar, also in vielen Fällen möglich.[45] Das gemeinsame Element der Entscheidungen E1 und E2 besteht aus einer Gruppe von wiederholbaren Tatbeständen F und Rechtsfolgen K. Gemeinsam betrachtet, als Ganzes, bilden sie ein „Element“, das in der angelsächsischen Doktrin als *Ratio decidendi* bezeichnet wird.[46] Die

---

44 In Bezug auf die zwei ersten Arten der Entscheidungsfindung bei Präzedenzfällen werden wir uns nur mit der Oberflächenstruktur der Entscheidung befassen. Hinweise auf die tiefe Struktur, in der die einzelnen Etappen der gerichtlichen Rechtsanwendung berücksichtigt werden, und insbesondere die normativen Grundlagen wären zwecklos und könnten bei unseren Ausführungen keine Rolle spielen. Der fehlende Bezug auf die tiefe Struktur hat keinen Einfluss auf die Wahrhaftigkeit der Ausführungen.

45 *Arthur Lehman Goodhart,* Determining the Ratio Decidendi of a Case, in: Yale Law Journal 1930, S. 40, kommt auf eine andere Unterscheidung. Er bedient sich des Begriffes der materiellen und immateriellen Fakten. Zu den immateriellen Tatsachen zählt er:
(1) Personen,
(2) Zeit,
(3) Ort,
(4) Art,
(5) Menge.

46 *R. Cross,* Precedents in English Law, Oxford 1961; *Zenon Bankowski/Donald Neil MacCormick/George Marshall,* Precedent in the United Kingdom, in: Donald

Ratio decidendi hat einen normativen Charakter. Es handelt sich um ein Entscheidungsprinzip, d. h. bei Vorkommen eines Tatbestandes „F“ eines bestimmten Typus sind damit die Rechtsfolgen „K“ verbunden. Dieses Prinzip gilt als Grundlage für spätere Entscheidungen. Die sonstigen Elemente, d. h. der Adressat der Entscheidung und die bewiesenen Tatsachen, die nur für die eine Entscheidung E1 aufzuweisen sind, werden als *Obiter dicta* bezeichnet. In der angelsächsischen Fachliteratur wird behauptet, *Obiter dicta* tauchen nur „bei Gelegenheit“ auf[47] und würden die Entscheidung nicht tragen. Deswegen ist es falsch zu behaupten, die Präjudizien würden im vollen Umfang verbindlich sein. Im System des *Common Law* spielt die *Ratio decidendi* eine ähnliche Rolle wie die abstrakte und allgemeine Norm des materiellen Rechts im System des *Civil Law*.[48]

Zu (2): Eine spätere Entscheidung aus einer früheren abzuleiten, ist ein Gedankengang, der sich auf Prinzipien der Interferenz stützt. Als Interferenzregeln werden in der Rechtskunde Regeln bezeichnet, nach denen man Folgerungen vornimmt. Im Rahmen der Rechtskunde sind folgende Interferenzregeln bekannt:

- die logische Normenableitung;
- die instrumentelle Normenableitung, gestützt auf zwei Interferenzregeln: die des instrumentellen Gebotes und die des instrumentellen Verbotes sowie
- die axiologische Normenableitung, bestehend aus Regeln der juristischen Agrumentation, wie *Argumentum a simili, Argumentum a contrario, Argumentum a fortiori.*

Der von Wróblewski dargestellte Mechanismus der Begründung von Präjudizien in Anlehnung an Interferenzregeln beruft sich auf die Analogie. Er stützt sich auf die Feststellung einer wesentlichen Ähnlichkeit zwischen den gegebenen Rechtssachen. Wróblewski bezeichnet sie als Schlussfolgerung *from case to case.* Im deutschen Sprachgebrauch müsste man von Schlussfolgerung durch Analogie zu Entscheidungen sprechen. Als Grundlage dient hier die Behauptung, ein ähnlicher Tatbestand f solle ähnliche Rechtsfolgen k nach sich ziehen, unabhängig davon, dass die Entscheidungen an unterschiedliche Adressaten gerichtet sind. Wróblewski beruft sich also eindeutig auf das Prinzip *ubi eadem legis ratio, ibi eadem legis disposito,* als auch auf das Prinzip der formellen Gerech-

---

Neil MacCormick/Robert Samuel Summers, Interpreting Precedents. A comparative Study, S. 336–338; *Neil Duxbury,* The Nature and Authority of Precedent, Cambridge 2008, S. 67 f.

47 *John Salmond,* Jurisprudence, London 1947, S. 192.

48 *Wróblewski,* Precedens (FN 5), S. 527.

tigkeit, nach der ähnliche Fälle ähnlich behandelt werden sollen. Diesen Prinzipien entsprechen die *Analogia legis* und die *Analogia iuris.*[49]

Es kommt sofort die Frage auf, ob es eine Ähnlichkeit gebe zwischen der „Analogie der Entscheidung" und der in der polnischen Fachliteratur breit untersuchten *Analogie legis* (Gesetzesanalogie) oder *Analogie iuris* (Analogie aus dem Rechtssytem).[50]

Die *Analogia legis* kann im Allgemeinen nach dem folgenden Schema dargestellt werden:

(a) Es wird festgestellt, dass eine Rechtssache zu entscheiden ist, bei der eine Rechtslücke besteht, da der jeweilige Tatbestand von keinen Rechtsvorschriften geregelt wird;

(b) es wird weiter festgestellt, dass es eine Rechtsvorschrift gibt, die ähnliche Fälle regelt;

(c) es wird angenommen, dass die vorhandene Vorschrift als Grundlage für eine allgemeinere Regel dienen kann, die sich sowohl auf den geregelten, als auch auf den nicht geregelten Tatbestand erstreckt;

(d) über den nicht geregelten Fall wird nach der unter (c) abgeleiteten Regel entschieden.

Als Grundlage für eine *Analogia legis* dient natürlich immer eine konkrete, vorhandene Rechtsvorschrift. Falls wir aber annehmen, dass eine allgemeine Regel nicht nur in einer Rechtsnorm zum Ausdruck gebracht werden und damit zur Grundlage einer Analogie werden kann, dann scheint die Anwendung des dargestellten Schemas der Analogie mittels Entscheidung gerechtfertigt. Dieses Schema könnte dann folgendermaßen aussehen:

(a) Es wird festgestellt, dass eine Entscheidung unter den Umständen U2 gefällt werden muss;

(b) es wird erkannt, dass die Entscheidung E1 unter den Umständen U1 gefällt wurde;

(c) es wird erkannt, dass die Umstände U2 im Wesentlichen an die Umstände U1 erinnern;

(d) es wird angenommen, dass die Entscheidung E1 als Grundlage für die Ableitung einer allgemeinen Regel dienen kann, die sowohl die Umstände U1 als auch die U2 umfassen würde;

---

49 *Zbigniew Pulka,* Podstawy prawa – Podstawowe pojęcia prawa i prawoznawstwa, Podręcznik, Poznań 2008, S. 150.

50 Als Beispiel seien erwähnt: *Józef Nowacki,* Studia z teorii prawa, Zakamycze 2003; *Pulka* (FN 49); *Józef Nowacki/Zygmunt Tobor,* Wstęp do prawoznawstwa, Zakamycze 2002.

(e) es wird die Entscheidung E2 unter den Umständen U2 in Anlehnung auf die allgemeine Regel gefällt, von der unter (d) die Rede ist.

Die dargestellten Schemata ähneln einander; der Unterschied besteht darin, dass es bei der *Analogia legis* um eine in den Rechtsvorschriften dargestellte allgemeine Regel geht, während bei der Analogie gemäß einer Entscheidung diese allgemeine Regel aus einer früheren Entscheidung, der die Umständen U1 zugrunde lagen, abgeleitet wurde, die allerdings in wesentlichen Aspekten den Umständen U2 der späteren Rechtssache ähneln. Mit anderen Worten: Die Grundlage für die Entscheidung E1 wird bei der Entscheidung E2 unter im Wesentlichen ähnlichen Umständen herangezogen.

Bei der *Analogia iuris* ist das Schema der Schlussfolgerung viel komplizierter. Grundlage für diese Art Analogie stellt nicht eine konkrete Vorschrift dar, auf die man ohne weiteres hinweisen könnte, sondern ganz allgemeine Grundsätze und Ideen, auf die sich das Recht stützt.[51] Das Schema dieser Art Schlussfolgerungen kann folgendermaßen dargestellt werden:

(a) Es wird festgestellt, dass es eine Rechtssache zu entscheiden gibt, bei der eine Rechtslücke besteht, da der jeweilige Tatbestand von keinen geltenden Rechtsvorschriften geregelt wird;

(b) es wird erkannt, dass es im Rechtssystem Normen N_1, N_2, $N_3 \ldots N_n$ gibt, die Ausdruck des Rechtssystems Z sind und in keinem konkreten Rechtstext vom Gesetzgeber formuliert wurden;

(c) es wird erkannt, dass es die Norm Nz geben soll, die zwar in keinem Rechtstext zum Ausdruck gebracht wurde, doch im Rechtssystem Z ihre Begründung findet;

(d) über den nicht geregelten Fall wird nach der unter (c) abgeleiteten Norm Nz entschieden.

Der Unterschied zwischen dem Schema der *Analogia legis* und dem der *Analogia iuris* ist schon auf den ersten Blick erkennbar. Eine *Analogie iuris* fußt auf keinen konkreten Rechtsvorschriften, sondern auf allgemeinen Regeln, die als Prinzipien für das ganze Rechtsystem oder dessen Teil gelten. Sie sind durch eine besonders starke axiologische Begründung legitimiert.

Sollten die Rechtsprinzipien bei einer Analogie aufgrund einer Entscheidung verwendet werden, dann könnte deren Schema die aufeinanderfolgenden, unten angeführten Etappen enthalten:

---

51 *Lech Morawski,* Wykładnia w orzecznictwie sadów – Komentarz, Toruń 2002, S. 295.

(a) Es wird festgestellt, dass eine Entscheidung unter den Umständen U2 gefällt werden muss;

(b) es wird erkannt, dass eine Reihe von Entscheidungen unter abweichenden Umständen U1, U3, U4, … Un eine Rechtssprechungslinie bilden;

(c) aus der Rechtssprechungslinie kann ein Rechtsprinzip abgeleitet werden, das als Grundlage für alle bisherigen Entscheidungen dieser Rechtssprechungslinie galt;

(d) es wird die Entscheidung En in Anlehnung an das in der Rechtssprechungslinie zum Ausdruck gebrachte Rechtsprinzip gefällt, d.h. in den Entscheidungen E1, E2, E3 … En.

Die Entscheidung E1 wäre nur insoweit als Präzedenz für die Entscheidung E2 anzusehen, als sie das durch die Rechtssprechungslinie bestätigte Rechtsprinzip zum Ausdruck gebracht hat, und zwar nicht nur in Bezug auf die Umstände U1, sondern auch U2, die den Umständen U1 unter vielen Aspekten ähneln. Jede Entscheidung aus der Rechtssprechungslinie soll dann gleichermaßen als eine Präzedenzentscheidung betrachtet werden.

Bei der analogen Begründung hat der bewiesene Tatbestand der Entscheidung E2 unter wesentlichen Aspekten der Präzedenzentscheidung E1 ähnlich zu sein, er braucht aber nicht identisch zu sein. Dies bezieht sich auch auf die Rechtsfolgen.

Die so begriffene „Präzedenz“ würde gut zur Rechtstheorie von R. Dworkin passen. Danach sind Präzedenzentscheidungen solche Entscheidungen, die aufgrund der Analyse von früheren Entscheidungen in ähnlichen Fällen eins oder mehrere Rechtsprinzipen artikulieren, die die früheren Entscheidungen „durchdringen“.[52] Als Präzedenzentscheidungen können auch Entscheidungen bezeichnet werden, die sich auf früher ausgedrückte Rechtsprinzipien beziehen. In beiden Fällen handelt es sich bei den Präzedenzentscheidungen um solche, die aufgrund von Rechtsprinzipien gefällt wurden, welche die axiologische Kohärenz der Rechtssprechungslinie gewährleisten.[53,54] Dies trägt auch zur Realisierung der Forderung nach Integrität des Rechts und Kohärenz seiner Tiefenstruktur bei.[55]

---

52 *Ronald Dworkin,* Biorąc prawa poważnie, Warszawa 1998, S. 295.

53 *Ronald Dworkin,* Law's Empire, Cambridge 1968, S. 401.

54 *Bartosz Greczner,* Precedens a spójność aksjologiczna prawa w ujęciu R. Dworkina, in: Przegląd Prawa i Administracji LXXXII, No 3171, Wrocław 2010, S. 14.

55 Ebd., S. 21.

Aus den obigen Ausführungen ergeben sich zwei Varianten einer Analogie aufgrund einer Entscheidung.[56] Trotz der Unterschiede in den beiden Schemata scheint es doch, dass man das wesentliche sie verbindende Element hervorheben soll. Es sei nämlich darauf hingewiesen, dass in beiden Fällen ein allgemeines Rechtsprinzip (in Form einer Rechtsnorm oder einer Regel, die den Status eines Prinzips für das ganze Rechtssystem oder dessen Teil genießt) als Grundlage für die Entscheidung fungiert. Der Unterschied besteht nur darin, dass man im ersten Fall nur eine einzige Entscheidung bei gerichtlicher Rechtsanwendung als diese Grundlage heranzieht, während im zweiten Fall eine im Sinne des zum Ausdruck kommenden Prinzips kohärente Entscheidungslinie verwendet wird.

Der Gedankengang *from case to case*, bei dem man die Herausfilterung einer allgemeinen Rechtsregel als Grundlage der Entscheidungsfindung vornimmt, und die Entscheidungsfindung in Anlehnung an die *Ratio decidendi* können als ein Verfahren betrachtet werden.[57] Die Erkennung des Typs eines Tatbestands aufgrund von bestimmten Merkmalen (neben denen es allerdings auch noch zufällige Merkmale gibt), durch die eine bestimmte Rechtsfolge hervorgerufen werden soll, kann mit der Feststellung eines allgemeinen Prinzips aus „wesentlicher Ähnlichkeit" zwischen den Tatbeständen verglichen werden. Der Unterschied besteht ausschließlich darin, dass bei der Wiederholung der Entscheidung E1 die festgelegten Tatsachen f2 einen Typus von Tatsachen aus E1 umfassen müssen – diese Tatsachen haben in einem bestimmten Ausmaß identisch zu sein, die Tatsachen F müssen sich in beiden Rechtssachen wiederholen. Bei der Begründung durch Analogie aus einer früheren Entscheidung hat der Tatbestand f2 „lediglich, aber sicherlich" in Bezug auf wesentliche Aspekte dem Tatbestand f1 ähnlich zu sein. Der Tatbestand f1 wird mit dem Tatbestand f2 zusammengeführt und bildet damit einen neuen, breiteren Typus von Tatbeständen, mit dem die Rechtsfolgen k1 oder in wesentlichen Aspekten ähnliche Rechtsfolgen k1 zu verbinden sind.

---

[56] Wie bei der *Analogie legis* und der *Analogie iuris* besteht der Unterschied zwischen ihnen in der Art und Weise, wie Prämissen festgelegt werden, mit denen die Rechtsfolgen mit nicht geregelten Tatbeständen verbunden werden können. Siehe *Nowacki/Tobor* (FN 50), S. 216.

[57] *Wróblewski*, Precedens (FN 5), S. 527, behauptet, die wesentliche Ähnlichkeit kann als Feststellung von typischen Merkmalen der Tatbestände angesehen werden, neben denen es auch noch zufällige Merkmale gibt. Somit kann er die These aufstellen, die Begründung für einen Präzedenzfall sei identisch, wenn man sie einerseits durch Schlussfolgerungen *per analogiam* erhält, und andererseits, wenn man die *Ratio decidendi* und die *Obiter dicta* der verschiedenen Fälle herausarbeitet.

Mit dem erweitertem Typus von Tatsachen entsteht eine *Ratio decidendi* mit einem erweiterten Umfang. Die *Ratio decidendi* der früheren Entscheidung wird durch eine neue Klasse von Tatbeständen „bereichert", die in dem neuen Fall vorkommen. Eine solche Situation wäre bei einer einfachen Wiederholung der Entscheidung nicht möglich, denn hier sollen die tragenden Gründe immer mit denen aus der Präzedenzentscheidung identisch sein.

Die oben genannten Typen der Begründung von Entscheidungen, die sich im engsten und engen Sinne dieses Begriffes auf Präzedenzentscheidungen stützen, sind insbesondere ausreichend, wenn man über das *Common Law*-System spricht. In diesem System können frühere Entscheidungen als selbstständige Rechtsquellen fungieren. Da man durch eine Wiederholung der Entscheidung E1 oder eine Analogie zu dieser Entscheidung neue Normen schafft, die als Grundlage für Entscheidungen in späteren Fällen dienen, haben wir es in beiden Fällen mit einem Präzedenzfall zu tun.[58]

Zu (3): Im System des *Civil Law* ist eine Gerichtsentscheidung eine Anwendung des geltenden Gesetzes (eine individuelle und konkrete Entscheidung kann nicht als eine selbstständige Rechtsquelle dienen), was nach Wróblewski bedeutet, diese Entscheidung wird durch die angewendeten Rechtsnormen begründet. Eine normative Grundlage ist unentbehrlich[59] und muss immer in der Begründung aufgezeigt werden. Es ist unmöglich, im System des *Civil Law* eine Entscheidung ohne eine Rechtsgrundlage zu treffen. Die Rechtsgrundlage umfasst neben den Rechtsvorschriften des materiellen Rechts auch Prozess- und Kompetenzvorschriften. Sie dienen als Grundlage für die Entscheidungsregeln „R", welche als Prämisse betrachtet wird, aus der durch Interferenz die Entscheidung abgeleitet wird.

Wenn also die Entscheidung E2 aufgrund der Entscheidung E1 vorgenommen wurde, da sie mit denselben Regeln begründet werden kann, mit denen die Entscheidung E1 begründet wurde, dann ist diese als Präzedenzentscheidung anzusehen. Das gemeinsame Element stellen dabei die Entscheidungsregeln dar.

Es entsteht natürlich die Frage, was sind eigentlich die Entscheidungsregeln. Um die Komplexität des Begriffes Präzedenz richtig zu verstehen, muss man sich ihr wenigstens im Allgemeinen widmen.

---

58 *Lech Morawski,* Główne problemy współczesnej filozofii prawa – Prawo w toku przemian, Warszawa 2003, S. 255.

59 Die früheren Entscheidungen können die jeweilige Entscheidung nur zusätzlich begründen.

Eine Entscheidungsregel enthält immer eine normative Grundlage der Entscheidung, d.h. die entsprechende Vorschrift des materiellen Rechts. Diese bedeutet allerdings nicht, dass die Regel, aus der die Entscheidung abgeleitet wird, auf genau dieselbe Art und Weise formuliert wird, wie die Vorschrift, die deren Grundlage darstellt. Nach Wróblewskis Analyse von praktischen Entscheidungen kann man deutlich erkennen, dass die normative Grundlage (die ein notwendiges Element darstellt) infolge von Auslegung mithilfe von Interpretationsdirektiven einer bestimmten Wandlung unterliegen kann.[60] Der Richter kann auch Aspekte berücksichtigen, die in der angerufenen Vorschrift nicht enthalten sind.

Der Inhalt einer Vorschrift und ihre Auslegung erschöpfen nicht den Kreis von Elementen, die als Bestandteile der Entscheidungsregel dienen können. Eine Entscheidungsregel kann, je nach Fall, mittels folgender Elemente geschaffen werden:

(a) Rechtsvorschriften im direkten Sinne,

(b) für den jeweiligen Fall ausgelegte Rechtsvorschriften,

(c) unabhängig vom jeweiligen Fall ausgelegte Rechtsvorschriften,

(d) Grundsätze des Rechtssystems oder eines Teiles dieses Systems,

(e) außerrechtliche Regeln oder Bewertungen.[61,62]

Die erste dieser Kategorien ist verhältnismäßig einfach. Sie setzt voraus, dass die Entscheidungsregel nur die Rechtsvorschrift im direkten Sinne ist. Der die Entscheidung fällende Richter hat keine Zweifel, welche Vorschrift angewendet werde soll und in welchem Sinne. Der direkte Sinn der Vorschrift ist ausreichend und man braucht keine Auslegung vorzunehmen. Fälle dieser Art können stets als einfache Fälle bezeichnet werden.[63] Mehr zu schaffen haben die Richter allerdings mit den sog.

---

60 Da es drei Kontexte gibt, in denen ein Rechtstext betrachtet werden kann, sprechen wir auch von drei Arten der Interpretationsdirektiven: der grammatischen, der systematischen und der funktionellen. Damit sind natürlich die Direktiven ersten Grades gemeint.

61 Es lohnt, diesen Begriff zu präzisieren: Es handelt sich um Auslegungsdirektiven und Werte, die diesen Direktiven zugrunde liegen. Vgl. *Lang/Wróblewski/Zawadzki* (FN 3), S. 475.

62 *Wróblewski* (FN 3), S. 13; *ders.* (FN 1), S. 310–321. Der Begriff der Entscheidungsregel wird allerdings nicht immer einheitlich verstanden. Manchmal stellt man sie als einen engeren Begriff dar. So wird darunter z.B. nur eine ausgelegte Vorschrift materiellen Rechts verstanden. Als Entscheidungsregel gilt dann lediglich eine „bereicherte" normative Grundlage. Vgl. *Małgorzata Król,* Reguła decyzji w systemie common law, in: ZNUŁ Nauki Humanistyczno – społeczne, Serie I, Heft 6 (1976), S. 253.

63 Die Entscheidungsregeln in dieser einfachen Form sind meistens bei Gerichten der ersten Instanz anzutreffen, bei denen über insoweit typische Rechtssachen entschieden wird, dass das Gesetz präzise genug formuliert werden konnte.

harten Fällen (*hard cases*[64]), d.h. mit jenen, die man in Anlehnung auf direktes Verstehen einer Rechtsvorschrift nicht entscheiden kann. Bei solchen Fällen ist es nicht mehr so einfach, die Entscheidungsregeln zu formulieren.

Bei Angelegenheiten, die zur Kategorie der *hard cases* gerechnet werden können, kann die Entscheidungsregel auf Vorschriften bauen, die für diesen konkreten Fall oder unabhängig davon ausgelegt wurden.

Die Auslegung wird dann vorgenommen, wenn der Richter Zweifel daran hegt, wie sich der jeweilige Rechtsadressat in den gegebenen Umständen verhalten soll, oder daran, die der jeweilige Tatbestand qualifiziert werden soll.[65] Dies kann sprachliche oder außersprachliche Ursachen haben.[66] Die aufkommenden Zweifel sind aber nicht ausreichend als Argument, um die Entscheidung zu verweigern, so dass eine Auslegung erfolgen muss (eine Auslegung für den konkreten Fall oder unabhängig davon).[67]

Ergebnis einer Auslegung ist eine Auslegungsentscheidung, die als *Secundum, Prater* oder *Contra legem* gelten kann.[68] Natürlich ist dies abhängig davon, welche Auslegungsdirektiven von dem Recht anwendenden Organ angenommen und wie sie benutzt werden. Je nach der Auslegung können wir von endgültigen Entscheidungen *Secundum, Prater* oder *Contra legem* sprechen. Die Auswahl von Auslegungsdirektiven wird von Werten beeinflusst, die der Ausleger vertritt.

In bestimmten Situationen, um sich die „Mühe" der Auslegung zu ersparen, kann man die Entscheidungsregel in Anlehnung an eine unabhängig von dem konkreten Fall vorgenommenen Auslegung gestalten. Zu den unabhängig vom jeweiligen Fall durchgeführten Auslegungen, die aber zur Gestaltung der Entscheidungsregel dienen können, kann man Auslegungen zählen, die von gesetzlich ermächtigten Organen in Bezug auf allgemeine oder abstrakte Rechtstexte vorgenommen werden. So

64 Der Begriff *Hard case* ist nicht eindeutig. In der gegenwärtigen Theorie und Philosophie wird er meistens mit dem Rechtskonzept von R. Dworkin in Verbindung gebracht und gemäß dessen Vorschlag eher eng verstanden.

65 *Pulka* (FN 49), S. 91 f.

66 Die Zweifel entstehen meistens dann, wenn die jeweilige Vorschrift nicht eindeutig formuliert worden ist, derzufolge die Richter einen großen Freiraum bei der Entscheidung haben, ob der jeweilige Tatbestand der jeweiligen Norm unterordnet werden kann.

67 Eine Rechtsvorschrift kann mehrmals auch durch denselben Richter ausgelegt werden.

68 Die Qualifizierung dieser Entscheidung hängt davon ab, ob die jeweilige Auslegung mit der Vorschrift vereinbar ist, über diese hinausgeht oder ihr widerspricht. *Jerzy Wróblewski,* Interpretatio secundum, prater et contra legem, in: Państwo i Prawo 1961, S. 615–627.

kommt es vor, dass Auslegungen, die bei nicht verbindlichen Entscheidungen durchgeführt wurden, auch mitberücksichtigt werden. Wróblewski behauptet dazu: „Bei der Prüfung von Fällen dieser Art wird die Entscheidungsregel mithilfe der normativen Grundlage und der Auslegung aus nicht verbindlichen Gerichtserkenntnissen gebildet.“[69] Dies bezieht sich insbesondere auf Entscheidungen höherer Instanzen. Eine sehr wichtige Rolle spielen dabei die Erkenntnisse des Obersten Gerichtes. Sie werden nämlich veröffentlicht und können eingesehen werden. Dies hat sicherlich einen positiven Einfluss auf die Einheitlichkeit des Rechtssystems.

Dabei ist darauf hinzuweisen, dass die Auslegung, unabhängig davon, ob sie für den jeweiligen Fall durchgeführt wird oder ohne einen Bezug auf ihn, einen kreativen Charakter haben kann, was von Morawski zutreffend erkannt wurde. Die Rechtssprache setzt sich nicht ausschließlich aus tatsachenbezogenen Begriffen zusammen und bedarf daher einer kreativen Auslegung.[70]

Die Entscheidungsregeln können darüber hinaus aufgrund von Grundsätzen des Rechtssystems konstruiert werden.[71] Wróblewski sagt: „Indem man eine bestimmte Rechtsvorschrift oder deren Folgen als ein Rechtsprinzip befindet, beeinflusst man die Entscheidungsregel. Die Rechtsprinzipien spielen nämlich eine Rolle bei der Frage, welche Vorschrift bei einer Kollision gelten soll. Sie wirken sich auf die Auslegung aus, wenn man die Bedeutung einer Vorschrift so interpretiert, dass sie mit dem anerkannten Rechtsprinzip, auf das sich das Recht anwendende Organ beruft, vereinbar ist. Sie können auch die Richtung bestimmen, welche die Entscheidung über Rechtsfolgen im Rahmen des Entscheidungsspielraumes des Recht anwendenden Organs einschlägt.“[72]

---

[69] *Wróblewski* (FN 1), S. 316.

[70] *Morawski* (FN 58), S. 269–272. Der von Morawski dargestellte Katalog von Situationen, in denen die Auslegung einen schöpferischen Charakter haben kann, sieht folgendermaßen aus:
- Auslegung von rechtlichen Begriffen,
- Auslegung von offenen Begriffen,
- ausdehnende oder einschränkende Auslegung,
- Interpretation von unscharfen oder anderen Begriffen, deren Sinn begründete Zweifel erweckt.

[71] Der Begriff der Rechtsprinzipien (-grundsätze) wird nicht einheitlich verstanden. Nach Wróblewski kann er auf zweierlei Weise interpretiert werden:
a) als Rechtsprinzip gelten Rechtsvorschriften, die selbst oder deren Konsequenzen als besonders wichtig angesehen werden,
b) als Rechtsprinzip gelten andere Regeln, denen man einen rechtlichen Charakter zuschreibt.

Siehe *Wróblewski* (FN 1), S. 318.

[72] *Wróblewski* (FN 1), S. 318.

Auch außerrechtliche Bewertungen und gesellschaftliche Regeln können die Entscheidungsregel mitbestimmen. Es ist allerdings unmöglich, deren Katalog zusammenzustellen, da sie von der Gesellschaft geschaffen werden und parallel zu politischen und wirtschaftlichen Veränderungen einem ständigen Wandel unterliegen.[73] Es ändert sich ständig ihr Inhalt, aber auch der Katalog. Unumstritten ist allerdings deren Einfluss auf den Inhalt des positiven Rechts und dessen Anwendung.[74]

Ihre Rolle macht sich allerdings besonders dort bemerkbar, wo sie durch Auslegung die Rechtsvorschriften beeinflussen, welche die normative Grundlage für die Entscheidung darstellen. Sie können die Auswahl und die Anwendung von bestimmten Direktiven des ersten oder zweiten Grades mitbestimmen.

Auch der Gesetzgeber hat ihre Rolle anerkannt, indem er in den Rechtsvorschriften auf gesellschaftliche Grundsätze und Regeln hinweist.[75] Dies tut er mithilfe von verweisenden Vorschriften, so dass außerrechtliche Regeln und Werte einen direkten Einfluss auf den Inhalt der Entscheidungsregel haben. Nach Dworkin wird mit der Berücksichtigung der in diesen Werten und Regeln kodierten Moral die Forderung nach Gerechtigkeit des Rechts genüge getan. So können möglichst vollständig die Konzepte der Gerechtigkeit (*justice*), der Fairness und des ordentlichen Gerichtsverfahrens (*procedural due process*) realisiert werden.[76]

Der obigen Analyse kann man eindeutig entnehmen, dass die Entscheidungsregel nach Wróblewski nur in einer einzigen Situation mit der normativen Grundlage identisch ist, die in den Entscheidungsgründen als Rechtsvorschrift angegeben wird – die Rede ist von Isomorphie. In solchen Situationen entbehrt die Entscheidungsregel des Aspektes der normativen Neuheit. Somit kann die darauf beruhende Entscheidung kaum als eine betrachtet werden, die andere Entscheidungen beeinflusst. Man kann höchstens in Anlehnung an sie behaupten, eine so gestaltete Entscheidungsregel möge darauf hinweisen, dass die Rechtsvorschrift klar sei und nicht ausgelegt zu werden brauche. Dies ist aber zu wenig, um

---

73 *Greczner* (FN 54), S. 16 f.

74 Wenn man sich außerrechtlicher Regeln und Bewertungen bedient, so kann man nach Wróblewski allerlei Rechtslücken ausschließen, die sich aus fehlenden oder fehlerhaften Regelungen ergeben. Eine solche Lücke soll mehr oder weniger frei ausgefüllt werden, ohne das Ziel der Kohärenz und Vollständigkeit des Rechtssystems aus den Augen zu verlieren. Mithilfe der außerrechtlichen Regeln und Bewertungen können die Lücken entdeckt und beseitigt werden. Eine solche Beseitigung erfolgt meistens *per analogiam*.

75 *Pulka* (FN 49), S. 60 f.

76 *Zbigniew Pulka*, Prawo jako fakt interpretacyjny w filozofii prawa R. Dworkina. Z zagadnień wykładni prawa, pod red. Stanislawa Kazmierczyka, AUW No 2032, Prawo CCLXII, Wrocław 1997, S. 14.

eine solche Entscheidung als Präzedenz bezeichnen zu können. Ganz anders verhält es sich aber bei den anderen Fällen.

Eine Entscheidungsregel kann nämlich auch von einer Reihe anderer Elemente mitgestaltet werden, deren Annahme rechtlich determiniert werden kann, aber nicht muss. Die Entscheidungsregel wird somit durch eine Auslegung [Situationen (b) und (c)] oder durch Anwendung von außerrechtlichen Normen und Werten [Situationen (d) und (e)] „bereichert". Eine Analyse der Entscheidungsgründe weist klar darauf hin, dass sich die normative Grundlage mit der Entscheidungsregel nicht immer deckt.

Die Entscheidungsregel begründet den Tenor der Entscheidung und bildet größtenteils deren tiefe Struktur. Je nach dem individuellen Stil und den Vorlieben des Richters wird somit ein konkreter Text der Gerichtsentscheidung verfasst. Das heißt, die tiefe Struktur, und somit auch die Entscheidungsregel, kann teilweise im Text der Entscheidung ihren Ausdruck finden, teilweise aber erst durch eine theoretische Rekonstruktion offengelegt werden. Es kann sich dabei sehr oft um ein Element handeln, dass in den Gründen nicht direkt festgeschrieben wurde, nichtsdestoweniger „hinter der Entscheidung" steht und deren untrennbaren Bestandteil darstellt (mitsamt den Werten, ohne die die Rekonstruktion der Entscheidung bei schwierigen Fällen überhaupt nicht möglich wäre).

Die nähere Betrachtung der Elemente, welche die Entscheidung mitbestimmen, lässt uns besser erklären, worauf die Begründung einer späteren Entscheidung beruht, die sich auf dieselben Entscheidungsregeln stützt, auf denen auch die Präzedenzentscheidung fußt. Der obigen Analyse ist klar zu entnehmen, dass man eine Entscheidungsregel nicht immer auf die normative Grundlage einschränken kann, da sie manchmal über diese hinausgeht. Ihr Inhalt kann um die Auslegung, die Berücksichtigung von außerrechtlichen Regeln und die Bewertungen oder die Prinzipien des Rechtssystems ergänzt werden.

Folgerichtig lässt sich die Entscheidung E2 durch dieselbe Entscheidungsregel R begründen, mit der die Entscheidung E1 begründet worden ist, wenn nur der Richter, der die Entscheidung E2 fällt, dieselbe Auslegung durchgeführt hat, dieselben außerrechtlichen Regeln und/oder Grundsätze des Rechtssystems berücksichtigt, die als Grundlage für die Entscheidung E1 gedient haben. Es scheint also richtig, die Entscheidungen dieser Art als Präzedenz mittels Auslegung zu bezeichnen.[77] Die oben angeführte Argumentation ist typisch für Entscheidungen, die sich

[77] *Morawski* (FN 58), S. 269 sowie *Christophe Grzegorczyk/Michel Troper*, Precedens in France, [in:] Interpreting precedent: A Comparative Study (Applied Legal Philosophy), hrsg. von Donald Neil MacCormick, Robert Samuel Summers, Arthur Lehman Goodhart, Dartmouth 1997, S. 103.

auf Präzedenzien im breiten Sinne dieses Begriffes stützen. Dies ist im System des *Civil Law* immer dann von besonderer Bedeutung, wenn die herangeführte Rechtsprechung als zusätzliche Begründung für die zu fällende Entscheidung gilt, welche zwingend auf der einschlägigen normativen Grundlage fußen muss.

Zu (4): In Wróblewskis Ausführungen findet man noch eine vierte Bedeutung des Begriffes Präzedenz. Demnach kann die Entscheidung E2 durch die Entscheidung E1 auf eine andere Weise begründet werden, ohne dass man sich auf die Interferenzregeln oder die gemeinsamen Entscheidungsregeln beruft. In den Arbeiten von Wróblewski kann man aber keine genauere Darstellung dieser „anderen Weise" vorfinden.

IV. Formen der Berufung auf einen Präzedenzfall

Die Berücksichtigung einer Präzedenzentscheidung im Rahmen einer Entscheidungsbegründung, die als ein zusätzliches Argument für die Untermauerung der eigenen Position in Anspruch genommen wird, kann auf vielerlei Art und Weise geschehen. Es sei an dieser Stelle erwähnt, dass man die Berufung auf einen Präzedenzfall von der Leitung durch ein Präjudiz trennen muss. Es ist viel schwieriger letzteres festzustellen. Dies ist nur dann möglich, wenn ausnahmsweise Anhaltspunkte dafür geäußert werden, dass der Präzedenzfall als Motiv eine Rolle für die Entscheidung gespielt hat. Die Berücksichtigung eines Präzedenzfalles ist demgegenüber einfacher festzustellen, da dieser direkt angeführt wird.

Die Präzedenzfälle werden in den folgenden Formen benannt:

(1) Berufung auf die festgelegte Rechtsprechung;

(2) Berufung auf die festgelegte Rechtsprechung mit Verweis auf konkrete Gerichtsentscheidungen durch Angabe von deren Aktenzeichen;

(3) Berufung auf den Präzedenzfall unter Anführung von Fragmenten der Begründungen oder Bestimmung des Tatbestandes;

(4) Anführung einer konkreten Entscheidung;[78]

es scheint, man könnte diesen Katalog um zwei weitere Elemente erweitern, und zwar:

(5) Anführung einer Entscheidung, die einer Rechtsprechungslinie den Anfang gegeben hat – das sog. *leading case* sowie

(6) Berufung auf eine vorhandene Rechtsprechungslinie.[79]

---

78 *Wróblewski,* Precedens (FN 5), S. 530 f.

79 Eine Rechtssprechungslinie wird gebildet durch eine Gruppe von Entscheidungen in Sachen desselben Typus und mit derselben Art der Entscheidung. Dank

Wie in diesem Beitrag aber schon festgestellt, kann die Anführung von früher gefällten Entscheidungen nicht mit der Leitung durch den Präzedenzfall gleichgesetzt werden. Das Material zur Untersuchung der Entscheidungen ist arm und nicht ausreichend, um die psychologischen Prozesse zu verfolgen, die sich auf diese auswirken. In Ländern, in denen das *Civil Law* benutzt wird, scheint es offensichtlich zu sein, dass sich die Gerichte viel öfter von Präzedenzien leiten lassen, als dass sie sich auf diese berufen. Die Berufung auf Präzedenzfälle dient eher als Stütze und Bereicherung der Argumentation. Als Hauptargument gilt aber weiterhin die normative Grundlage in Form einer Rechtsvorschrift.

Im Allgemeinen kann man aber sagen, die Inanspruchnahme von Präzedenzfällen, sei es durch „Berücksichtigung“, sei es durch „Leitung“, ist in den Systemen des *Civil Law* ohne Überzeugung von deren Richtigkeit, Relevantheit und Rationalität unmöglich. Es kann theoretisch davon ausgegangen werden, dass die Inanspruchnahme von Präzedenzfällen in diesen Rechtssystemen verlangt, dass man diese für äußerlich rationell hält. Eine positive Analyse der Entscheidungsregel sowie deren Berücksichtigung in dem neuen Fall scheinen ohne Erfüllung dieser grundlegenden Voraussetzung unmöglich.

V. Präzedenz und Werte

Die letzte Frage, der ich mich widmen möchte, bezieht sich auf den Zusammenhang zwischen der Anerkennung einer Entscheidung in einem System, in dem das Präzedenzprinzip nicht gilt, für eine Präzedenzentscheidung mit deren axiologischem Potenzial. Ich möchte damit die Frage beantworten, was der Grund dafür ist, dass man im System des Civil Law sagen kann, dass eine Entscheidung einen Präzedenzcharakter hat und warum Präjudizien im Rahmen gerichtlicher Entscheidungen zunehmend an Bedeutung gewinnen. Warum berufen sich Richter auf frühere Erkenntnisse, obwohl sie verpflichtet sind, aufgrund von Rechtsvorschriften zu entscheiden?

Um diese Frage beantworten zu können, ist es natürlich notwendig, den Begriff der Präzedenz in dem Sinne zu präzisieren, in dem er bei den weiteren Überlegungen benutzt wird. Im Lichte der im zweiten Teil dargestellten Analyse, nach der – gemäß Wróblewski – die Entscheidung als eine individuelle und konkrete Norm zu begreifen ist, sind die Begriffe der Präzedenz *strictissimo sensu* und *sensu stricto* für Überlegungen in Bezug auf

---

ihrer „Anwesenheit“ gewinnt die Begründung durch die „leitende Entscheidung“ an Gewicht. Die Entstehung der Rechtssprechungslinien ist im System des *Civil Law* sehr unterschiedlich. Die Kraft des Argumentes aus Präzedenz hängt natürlich davon ab, ob es möglich ist, auf eine Rechtssprechungslinie hinzuweisen.

das *Civil Law* nicht unangemessen. Bei diesem System gilt das Prinzip *Stare decisis* nicht, die angenommenen Interferenzregeln lassen Schlussfolgerungen zu, bei denen als Prämisse eine allgemeine und abstrakte Norm fungiert (denn nur diese Art von Normen gehört der gesetzlichen Rechtsordnung an[80]). Im System des *Civil Law* scheint es also unangemessen, per Analogie aus einer Entscheidung zu schlussfolgern. Bei meiner Analyse bediene ich mich daher des Begriffes „Präzedenz“ *sensu largo,* wie ich dies im dritten Teil des vorliegenden Beitrags erläutert habe.[81]

Das von mir angegebene Schema der Entscheidung bei gerichtlicher Rechtsanwendung macht deren Komplexität ersichtlich. Ob und inwieweit eine gerichtliche Entscheidung über ein axiologisches Potenzial verfügt, hängt davon ab, in welchem Maße Bewertungen eine Rolle gespielt haben.[82] Es ist offensichtlich, dass die meisten gerichtlichen Entscheidungen nur mittels Bewertungen möglich sind, zu denen die Richter geradezu gezwungen sind.[83]

Die Bedeutung von Werten bei der richterlichen Entscheidungstätigkeit kann nicht überschätzt werden. Der obigen Analyse ist eindeutig zu entnehmen, dass jedes der genannten Elemente einer Entscheidung einen bewertenden Charakter haben kann.[84] Eines bewertenden Charakters entbehrt weder die rechtliche noch die tatsächliche Grundlage oder die Disposition der Entscheidung (eine verbindliche Formulierung der Rechtsfolgen eines Tatbestandes, der als bewiesen gilt).[85]

---

80 Wróblewski stellt die These auf, dass nur ausreichend allgemeine und abstrakte Normen als Bestandteile des Rechtssystems betrachtet werden können. Vereinzelte und konkrete Normen, die als Rechtsakte bezeichnet werden, seien keine Bestandteile des Rechtssystems, sondern nur Ergebnisse der Rechtsanwendung. *Kazimierz Opałek/Jerzy Wróblewski,* Zagadnienia teorii prawa, Warszawa 1969, S. 81.

81 *Wróblewski,* Precedens (FN 5), S. 526.

82 Ich werde mich abwechselnd der Begriffe Bewertungen und Werte bedienen, vgl. ebd., S. 43 f.

83 Bei meinen Ausführungen gehe ich davon aus, dass die Rechtsgrundlage der Entscheidung durch unterschiedliche Vorschriften geformt wird, die durch das das Recht anwendende Organ nicht im direkten Sinne berücksichtigt werden, sondern in einer durch Auslegung offengelegten Bedeutung. Es handelt sich dabei natürlich um eine praktische Auslegung, also Festlegung von Bedeutung für Aussagen, die Zweifel bei der Rechtsanwendung erwecken.

84 Dadurch ist ersichtlich, dass eine Entscheidung bei gerichtlicher Rechtsanwendung bestimmte axiologische Annahmen mit sich tragen kann. In den meisten Fällen enthalten die Entscheidungen bestimmte Sammlungen von Werten. Und diese Werte liegen letzten Endes der Entscheidung als einer individuellen und konkreten Norm zugrunde. Natürlich hängt der Grad, zu dem sich der Richter auf die Werte beruft, im großen Maße davon ab, welcher Stil der Rechtsprechung angenommen wurde und welche Eigenschaften die Rechtsnormen haben, die als Grundlage für die gefällte Entscheidung fungieren.

85 *Jerzy Wróblewski,* Oceny w prawie i oceny prawa, in: Studia Prawnicze, Zeszyt 24 (1970), S. 16–18; *Wróblewski,* Precedens (FN 5), S. 39.

Die festzustellende tatsächliche Grundlage des Falles kann unter Berücksichtigung von Werten konstruiert werden, doch nicht zwingend. In den meisten Fällen sind dafür bestimmte Beweismittel ausreichend, die unter Anwendung von Regeln der jeweiligen Beweisführungstheorie herangezogen wurden. Manchmal aber kommen in einem Gerichtsfall besondere Tatsachen vor, wie etwa bewertende, darunter negativ bewertende Tatsachen und Tatsachen, die in Bezug auf ihre Beziehung zu Normen bestimmt werden. Es scheint selbstverständlich, dass das Gericht sich, um sie zu festzustellen, auf Werte beziehen muss.[86]

Ein weiteres Element der Entscheidung, d.h. die Disposition, hängt von den Eigenschaften der normativen Grundlage der Entscheidung ab. Wenn eine Rechtsvorschrift Freiräume bei der Auswahl von Rechtsfolgen zulässt, dann können sich diese Eigenschaften als ein notwendiger Faktor hierzu erweisen.

Auch die Rechtsgrundlage für die Entscheidung wird in einem bewertenden Verfahren gefunden. Die Schlüsselrolle bei der Bewertung spielt die Bedeutung der Vorschrift,[87] die als normative Grundlage der Entscheidung gelten soll. Um etwas präziser zu sein, müssten wir den von Wróblewski vorgeschlagenen Begriff der Entscheidungsregel berücksichtigen und feststellen, dass die Rolle der Werte bei der Gestaltung der Entscheidungsregel am wichtigsten ist.

Die Werte tauchen in der Entscheidungsregel auf, da sich der Rechtstext auf sie *explizit* oder *implizit* beruft. Ein derartiger Verweis kann zweierlei Form annehmen. Man spricht von einem „allgemeinen Verweis" oder einem „konkreten Verweis".[88] Als Verweis dieser Art gilt der direkt im Rechtstext enthaltene Verweis auf „Grundsätze"[89] oder die Anwendung von Redewendungen wie „wichtiger Grund" oder ähnliches.[90]

Falls der Text der ausgelegten Norm einen ausdrücklichen Verweis auf Grundsätze enthält, dann unterliegt es keinem Zweifel, dass deren Ein-

---

86 *Wróblewski,* Wartości (FN 5), S. 38.

87 Dies ist dann notwendig, wenn Zweifel über die Bedeutung eines Rechtstextes entstehen. Man kann ihn direkt nicht anwenden, sondern muss eine Auslegung vornehmen. Es handelt sich dabei also um eine praktische Auslegung, d.h. um eine Auslegung im engen Sinne, die der Betrachtung aller Bedeutungen von Rechtsvorschriften als Auslegung widerspricht.

88 *Jerzy Wróblewski,* Oceny i normy moralne w wykładni prawa, Zeszyty Naukowe Uniwersytetu Łódzkiego, in: Nauki humanistyczno – społeczne, Serie I, Heft 22, Łódź 1961, S. 8 f.

89 Mit Grundsätzen wird die Pflicht formuliert, Werte zu verwirklichen, die damit in die Entscheidung bei gerichtlicher Rechtsanwendung und auch ins Rechtssystem eingeführt werden. *Marzena Kordela,* Zasady prawa jako normatywna postać wartości, Ruch Prawniczy, in: Ekonomiczny i Socjologiczny, Zeszyt 1 (2006), S. 47–51.

90 *Wróblewski* (FN 88), S. 8 f.

fluss auf die endgültige Form der Entscheidungsregel, und damit auch auf die Gerichtsentscheidung selbst, von großer Bedeutung ist. In einem solchen Fall werden die Grundsätze zur Grundlage der Entscheidung. Außerdem kann die die Auslegung durchführende Person individuell feststellen, dass sie in ihren Überlegungen Bewertungen des Gesetzgebers oder Grundsätze berücksichtigen soll, die in der Gesellschaft vorhanden sind, aber nicht unmittelbar dem Rechtssystem angehören.

Auch wenn es keine eindeutigen Verweise auf Bewertungen gibt, bedeutet es noch nicht, dass sie nicht berücksichtigt werden. Bei der Auslegung bedient man sich einer ganzen Reihe von Interpretationsdirektiven. Die Regeln, die man dabei verwendet, um die Bedeutung der auszulegenden Vorschrift festzulegen, sind mit den Bewertungen auf zweierlei Weise verbunden. Sowohl die Bedingungen für die Anwendung der Auslegungsdirektive, als auch die Auslegung selbst können einen bewertenden Charakter haben.

Sogar der Auswahl von Auslegunsdirektiven liegen schon bestimmte Werte zugrunde.[91] Das das Recht anwendende Organ ist nicht in vollem Umfang an die Auslegungsdirektiven gebunden. Man kann unterschiedliche Zielwerte erreichen wollen, je nach dem bevorzugten Auslegungskonzept (statisch oder dynamisch),[92] was folgerichtig auch die Auswahl der von ihm angewendeten Auslegungsdirektiven mitbestimmt.

Den obigen Ausführungen ist eindeutig zu entnehmen, dass bei der Rechtsauslegung Bewertungen aufkommen, unabhängig davon, ob auf sie direkt verwiesen wird oder nicht. Ihre Berücksichtigung bei der richterlichen Rechtsanwendung wirkt sich insbesondere auf den Inhalt der geltenden Rechtsnormen in diesem Sinne aus, dass man bei der Präzisierung der Bedeutung von angewendeten Rechtsvorschriften deren Inhalt bestimmt, und zwar in einem Grad, der für die Entscheidung über den jeweiligen Fall notwendig ist. Bedient man sich der Terminologie Wróblewskis, so kann man sagen: Der Inhalt der Entscheidungsregel, aus der sich durch Interferenz eine Entscheidung ergibt, bei der es Zweifel an der Bedeutung der jeweiligen Rechtsvorschrift gibt, wird durch Berück-

---

91 *Wróblewski*, Wartości (FN 5), S. 37.

92 Hierzu *Pulka* (FN 49), S. 130–134: „Auf dem Boden der statischen Ideologie gilt die Beständigkeit des Rechts und damit auch die Rechtssicherheit als Hauptwert ..., Gleichheit vor dem Recht, Rechtsstaatlichkeit, Ausschluss der Rückwirkung usw. Die statische Ideologie zieht Direktiven der grammatischen und systematischen Auslegung vor und ruft zur Einschränkung der funktionellen Auslegung auf [und dementsprechend hat man bei einer Kollision vorzugehen] ... Auf dem Boden der [dynamischen] Ideologie steht die Effektivität des Rechts im Vordergrund, dessen Flexibilität, ... Nach den Grundsätzen dieser Ideologie hat bei einem Widerspruch die funktionelle Auslegung vor der grammatischen oder systematischen vorgezogen zu werden.“

sichtigung von Werten gestaltet, auf die die gegebene Vorschrift hinweist oder die normativ nicht determiniert sind.

Daraus ist ersichtlich, dass die Entscheidungsregel im Allgemeinen von der Bewertung des Recht anwendenden Organs abhängt. Dies gilt vor allem bei der Gestaltung der Entscheidungsregel in den sogenannten „*hard cases*“.

Welchen Einfluss kann dies auf den Begriff der Präzedenz im System des *Civil Law* haben? Bei einer so starken Abhängigkeit der Entscheidungsregel von den Bewertungen des entscheidenden Organs müssen unsere Ausführungen zu der Schlussfolgerung führen, dass die Entscheidung E2 durch dieselbe Entscheidungsregel R begründet werden kann, mit der die Entscheidung E1 begründet wurde, wenn nur die in der Entscheidung E1 enthaltene Auslegung als Vorbild für den Richter galt, der die Entscheidung E2 gefällt hat. Um diese Frage noch präziser darzulegen, muss man feststellen, dass dies nur dann der Fall ist, wenn die Bewertungen, die als Grundlage für die Entscheidung E1 fungierten, in genau demselben Ausmaß bei der Entscheidung E2 berücksichtigt werden.

An dieser Stelle sei erwähnt, dass bei Vorhandensein bewertender Elemente in der Entscheidungsregel, insbesondere einer Regel, die von der Berücksichtigung von Werten ausgeht, auf die aber der Rechtstext direkt nicht verweist, es zu zweierlei Situationen kommen kann: Einerseits kann die Entscheidung genau dieselben Werte berücksichtigen, die der Gesetzgeber bei der Verfassung des Rechtstextes im Sinn hatte. Andererseits kann es sich genau umgekehrt verhalten.

Selbstverständlich ist für jedermann, dass die Bewertung, die das Recht anwendende Organ vornimmt, keine Freiräume zulässt, wie es bei der Bewertung durch den Gesetzgeber der Fall ist.[93] Ersteres muss die Bewertungen des Zweiten in Betracht ziehen und dabei die „vollständige Rekonstruktion“ aus den auszulegenden und anzuwendenden Rechtsvorschriften anstreben.

Trotz dieser Annahme scheint es offensichtlich, dass sich das axiologische Potenzial der Entscheidung von dem Potenzial unterscheiden kann, manchmal geradezu dramatisch, das der Gesetzgeber der jeweiligen Rechtsnorm verliehen hat (der Richter kann sich auf neue Werte berufen oder die vom Gesetzgeber vorgegebenen Werte nur in einem eingeschränkten Maße berücksichtigen). Im Laufe seines Verfahrens bringt der Richter ein neues Wertesystem in das Rechtssystem ein. Damit gestaltet er die Axiologie des Rechts mit. Unter diesem Aspekt kann man den Entscheidungen, die sich auf andere Werte stützen als jene, die der Gesetz-

93 *Wróblewski* (FN 85), S. 18.

geber bei der Rechtsetzung im Sinne hatte, die Merkmale nicht aberkennen, die auch für jede andere Art von Präzedenzentscheidungen typisch sind. Es muss sicherlich zugegeben werden, dass sie das Element einer normativen Neuerung enthalten[94] – gemeint ist natürlich eine axiologische Neuerung.

Dieses Argument untermauert stark die These, dass das axiologische Potenzial einer Entscheidung ausschlaggebend dafür ist, ob diese Entscheidung als Vorbild für weitere gelten wird. Dies kann sich in der Struktur der Entscheidungsregel bemerkbar machen, wenn deren einzelne Elemente einen bewertenden Charakter haben, z.B. wenn sie einen Rechtsgrundsatz zur Grundlage haben oder wenn der Richter bei der Auslegung der Rechtsvorschrift Auslegungsdirektiven von bewertendem Charakter berücksichtigte.

Es ist selbstverständlich nicht ausreichend, dass Werte bei einer gerichtlichen Entscheidung Berücksichtigung finden, um diese Entscheidung als Präjudiz zu bezeichnen. Dies ist im System des *Civil Law* bereits deshalb so, weil das Präzedenzprinzip als solches nicht anerkannt ist. Ob eine Entscheidung als Präjudiz angesehen werden kann, kann man nur aufgrund der späteren Praxis erkennen. Deswegen haben die Werte, die in einer Entscheidung vorkommen, außerdem noch als „äußerlich rationell" zu gelten. Um es einfacher zu formulieren: Der Richter, der sich auf eine frühere Entscheidung berufen will, soll davon überzeugt sein, dass er bei der Entscheidung über dieselbe Sache genau dieselben Werte berücksichtigen würde. Er muss glauben, mit der Berücksichtigung dieser Werte wurde die richtige Entscheidung getroffen, also die einzige, die man bei den bewiesenen Tatsachen und in Anlehnung an die geltenden Rechtsvorschriften treffen konnte.

Eine Entscheidung kann erst dann zu einer Präzedenzentscheidung werden, wenn die ihr zugrundeliegenden Bewertungen allgemein für richtig gehalten werden. Wenn sich die anderen Richter in Bezug auf diese Werte einig sind, dann werden sie sich auf sie berufen.

Der obigen Analyse ist zu entnehmen, dass einer Präzedenzentscheidung eine Gruppe von Eigenschaften zugeschrieben werden kann:

- Sie enthält nur individuelle und konkrete Normen,
- sie ist eine durch das zuständige Organ gefällte Entscheidung,
- sie wurde auf Grundlage von Bewertungen gefällt,
- sie ist axiologisch neu,

---

94 *Marek Zirk-Sadowski,* Problem nowości normatywnej, in: Studia Prawno – Ekonomiczne, B. XXII (1979), S. 48 f.

– die berücksichtigten Werte sind mit dem von anderen Richtern akzeptierten Wertesystem vereinbar.

Die obigen Eigenschaften zeigen eindeutig, dass man nach Wróblewski über eine Auslegungspräzedenz sprechen kann. Die in der Entscheidung enthaltenen Werte bestimmen, inwieweit die vorhandenen und geltenden Rechtsnormen Anwendung finden. Es handelt sich dabei sicherlich um keine generellen und abstrakten Normen, weshalb die Präzedenz nicht als Entscheidungspräzedenz gelten kann.[95]

Die Berücksichtigung von Präzedenzentscheidungen in diesem Sinne schränkt eventuelle Interpretationszweifel vor dem Hintergrund der Werte ein, verleiht der Rechtsprechung Konstanz und fördert die formelle Gerechtigkeit. Mit der Anwendung der Päjudizien verringern sich die Einflüsse der Bewertungen des Richters auf den Entscheidungsprozess und damit wird das Gefühl der Objektivität, d. h. der Parteilosigkeit der Entscheidung, gestärkt. Dies trägt zur Verbesserung der ‚Vorhersehbarkeit des Rechts' bei. Der daraus resultierende Nutzen wird von den Richtern leicht bemerkt, weswegen die Präjudizien[96] immer öfter bei der gerichtlichen Rechtsanwendung eingesetzt werden, so dass sich die Grenzen (wenigstens diese sichtbaren) zwischen den beiden Rechtssystemen verwischen.

VI. Fazit

In den Systemen des *Civil Law* verringert sich die Bedeutung einer Entscheidung für die künftigen Richter, wenn sie keinen bewertenden Charakter hat. Dies entzieht ihr die Chance, in künftigen Fällen als Argument für die Richtigkeit der neuen Entscheidung herangezogen zu werden, weil eine Entscheidung ohne Bewertungen keine normative Neuheit darstellen kann. Sie bringt keine neuen Werte in das Rechtssystem über jene hinaus, die von den Rechtsvorschriften des Gesetzgebers gesichert werden. Somit hat sie keinen Einfluss auf die künftigen Entscheidungen.

Ganz anders verhält es sich bei Entscheidungen, die mit einer axiologischen normativen Neuerung „ausgestattet" sind, und das dank der Berufung auf Werte. Durch die Berücksichtigung von Werten kommt es zu Abweichungen zwischen dem Gesetz und den Entscheidungen der Richter. In solchen Fällen kann sogar von der Entstehung neuen Rechts die

[95] *Grzegorczyk/Troper* (FN 77), S. 103.

[96] Auf dem Boden des Civil Law geht es selbstredend um die Auslegungspräzedenzien.

Rede sein, welches Wróblewski als „das richterliche Recht“ bezeichnet.[97] Mit diesem Recht wird eine effektive und „flexible“ Anwendung der Gesetze gesichert (also eine, die sich an die immer schnelleren Veränderungen in den Gesellschaften anpasst).

Meine Ausführungen bringen uns zu der Schlussfolgerung, die Gerichtsentscheidungen in *Civil Law*-Systemen können nach Wróblewski dann den Charakter einer Präzedenz haben, wenn sie in Anlehnung an Bewertungen gefällt werden. Als Präzedenzien gelten also Entscheidungen, bei denen das Ermessen der Richter eine wesentliche Rolle spielt. Dank der Berücksichtigung der Präzedenzentscheidungen wird dies auf eine bestimmte Weise begründet. Durch die ‚Inanspruchnahme‘ dieser Entscheidungen wird eine minimale Voraussehbarkeit gesichert, welche Werte bei ähnlichen Fällen von den Gerichten berücksichtigt werden können.

---

97 *Wróblewski* (FN 1), S. 371.